不平等的樣貌

This Is What Inequality Looks Like

新加坡繁榮神話背後，社會底層的悲歌

TEO YOU YENN
張優遠——著
方祖芳——譯

目次

推薦序

公共社會學的經典範例

黃克先（國立臺灣大學社會學系副教授）

從各國際組織以及各國家自行統計的數據來看，每天生活赤貧或貧窮線以下的人口，在過去幾十年間正不斷減少中。長久以來困擾人類的貧窮問題，似乎正得到解決。只是，這種樂觀想像之外也存在另一種反省聲浪，認為客觀的生活水準及物質條件雖有顯著提升，但貧富不均的狀況卻在惡化；過去普遍認為下一代的生活會比這一代更好的願景，已成為錯覺；有資本及土地的人賺取的暴利，正快速拉開與領薪資的受僱者之間的財富距離；階級流動的道路不但變窄，甚至被關上；各社會內自認被政治菁英與時代拋下的沮喪怨嫉正在醞釀，等候特定的時間點爆發。有識者認為，貧窮並未被消除，只是轉換了樣貌，或被某些迷思掩蓋著，而以更隱微的方式存在著。本書《不平等的樣貌》作者張優遠教授即持這樣立場。在底下，我將具體指出本書對我們理解貧窮現象的幾個重要啟發，並將本書發現對比臺灣的狀況，說明你我應可自本書看見的，不只是新加坡人的問題與反思，也是臺灣人的。我們與新加坡在很大程度上共享著類似的地緣政治位置、經濟發展軌跡、語言文化。因此，在面對貧窮這件事上，有許多值得相提並論之處。

首先，當前的貧窮現象樣貌變幻不一，欲掌握它，搭配以身為度、親歷現場的長時間田野研究有其必要。貧窮，可能是因久居於特定場所，而在身上沾染的揮之不去的氣味；可能是大螢幕電視這種別人眼中的奢侈品，但卻是家戶裡僅可得的娛樂；可能是父母對孩子一句「我希望你們比我更好」的告誡；也可能是貧戶小孩參與許願計畫的過程。許多貧窮研究仰賴的，是政府公布的統計資料、財稅資訊，或學界自行蒐集的大規模調查等量化數據，數字不見得能捕捉到滑溜的貧窮現象，特別是當這些數據本身極具敏感性，被調查的現象又與回報資料的個人尊嚴、統計單位各自的利害、國家榮譽及執政議程相關之際。很多時候，若搭配研究者以身為度地親歷現場，用心感受、觀察貧者的日常生活、耐心聆聽他們娓娓陳述，方能理解數字的意涵，窺見貧窮為何及如何影響持存的隱性機制。臺灣貧窮研究亦有類似的情況，比較未關注貧者主觀的體驗及敘述，常被使用的一次性訪談受限於信任與互動隔閡，也往往難取得扎實的資料。因此，能與研究對象建立長期信任關係的貧窮研究更顯可貴，往往能發現其他方法未察覺的貧窮面向。

其次，貧窮本身是關乎整個社會內的不平等，而不只是眼前貧者自身道德或努力與否的問題。本書並不像某些以貧窮人群為主角的書籍，著迷於對貧窮樣貌的獵奇描繪，而是在忠實呈現貧者生活樣貌的同時，將之置放在社會中相對富有者、政府與貧者的三角關係中，呈現貧窮乃是社會不平等運作下的結果，而政府在其中推波助瀾。張教授巧妙地在行文中地夾敘夾議，讓讀者時而置身在帶著氣味的組屋，彷彿看見低收入父母描述兼顧養育兒女與勤奮工作的艱難，以及因為汙名而在孩子與社工面前抬不起頭的模樣；時而又拉到作者本身以身為度、藉大學教授生活為對照，讓讀者看見貧者共享的人性尊嚴，並反思同樣身為人卻因為社會地位與物質條件的差異而被差別對待是否合理，藉此引領讀者反思國家在分配公共資源時對公民分門別類的歧視性機制，以及其中隱含對不同人群授予迥異價值的意識形態。在這樣的書寫安排下，讓《不平等的樣貌》確實呈現作者宣稱的「我揭露的故事是關於不平等，關於相對的富裕與貧窮，關於我們」。讀畢，我們應能深刻體認，貧窮的討論並不是「別人」的問題，更是「我們」的問題，這問題不能只交給社福單位或有愛心的「善心人士」處理，更應從調整國家體制與政策著手，並反思你我都可能有的汙名想像。在臺灣，貧窮也常被視為是社福政策的一環、社工該處理的問題，不少市民見到無家可居的人，想到的就是打電話通報社會局，但這樣做最多就只是短暫的眼不見為淨，是在一連串問題發生後亡羊補牢式的急難處理而已，從來無法真正解決貧窮問題，背後不平等運作的機制仍不斷製造出更多貧者，而社工即便持續安置無家者，也會發現露宿人數並未減少，新面孔層出不窮。

第三，處理貧窮乃至於不平等的議程，不能只著眼於客觀的制度設計或物質資源的提供，還必須面對文化層次的問題，即對付你我腦中主觀的迷思。這迷思可能聯繫到讓我們驕傲的國族認同、社會地位以及自身奮鬥的敘事，因此格外根深柢固，牽動著人們察覺不到但卻左右行動的情緒。這些迷思是貧者及非貧者共享的。本書揭示新加坡國人普遍存在一種「正常」人生軌道及理想生活的想像，正派負責的個體理應可成功在這條軌道上前行，走岔路或落後的人若非道德有問題就是懶惰不努力。這種思維模式形成了貧者的思想重擔，讓其自我形象低落，限制了他們做更積極的選擇，也影響下一代的教養，使貧窮再製，使他們更遠離翻身的夢想。一般人同樣受這迷思的影響，並構成了將貧者推往懸崖邊的共犯結構之一員。張教授以自己演講時聽眾的回應為例，討論了輕忽或輕視看待貧者生存困境背後的心態，為何認為「貧窮是可以容忍的」；深刻分析那些指責她研究「為什麼要這樣講新加坡？」、認為檢討政府扶貧體制或方案的失敗是家醜外揚，背後意味著什麼，並揭示這種觀念如何鞏固不平等現象。

這類迷思也存在於臺灣人及政府施政邏輯裡。政府經常以貧窮率世界數一數二低而自豪，以此說明施政成效及社會安康，卻從不檢討這個相較其他先進國家如日韓英美低出甚多的貧窮率，究竟意味著臺灣真的鮮有貧困現象，還是背後反映的是政府怠惰於發現需要被幫助的貧者，用各種政策或行政障礙來阻擋他們申請取得貧戶資格。同樣狀況也存在於無家可居的問題上，「認真打拚賺錢的人，沒理由（繼續）流浪」的想法普遍存在，政府無視無家者街頭露宿的風險與辛苦，持續消極回應其居住需求，任由房地產、租屋的自由市場發展，與日本、韓國、英國、美國的住宅主管機關積極介入該問題的情況大相逕庭。讀到本書中新加坡大量提供租賃組屋的例證，其貧戶雖然生活空間小且衛生堪虞，但起碼勝於每日遭受暴力、騷擾、歧視驅趕、家當被沒收、低溫威脅的臺灣無家者。政府在做的，主要仍以各種手段引導這些遊民找工作、賺錢存錢以租屋，以此為脫遊的主要手法，只是成效不彰。極有限的收容所或中繼住宅內，住民多半極度缺乏隱私、管理問題頻生，致使無家者寧可待在街頭，忍受被指為國家之恥或都市之瘤的汙名。

最後，貧窮不只是物質匱乏的問題，還深刻關聯到貧者的尊嚴與肯認。張教授描寫生活在一個社會中，不斷被認為是失敗者且失敗的原因就是自己，再怎麼努力不但沒成效且不被看見，這件事對人會產生多大的傷害。相對地，她反省一些富有或具社會地位的「成功人士」如她，明明未付出或參與，卻自然招來各種讚譽及肯定。這種象徵地位上的貧富差距，將傷害共同生活在這個社群裡的成員形成社會團結，並掩蓋問題且阻礙了制度被檢討而更完善的可能。臺灣一樣存在這樣的問題，在想像我們這個共同體的運作與建立時，貧者總被撇除到一旁。所謂經濟奇蹟的敘事裡，講述的多半是科技官僚與公司CEO的洞見觀瞻，卻顯少看見大量撐起該奇蹟的廉價勞動力，如女工、遷移工人、邊緣底層的敘事或故事。說起臺灣之光或臺灣最美的風景，往往輪不到他們，只有在講述臺灣髒亂市容、缺乏公民素質時才會想到他們。但這種集體敘事中貧者的缺席，顯然是前述迷思下產生的偏誤，這偏誤也不斷分化著「我們」。臺灣自二〇一七年起，由一群NGO工作者發起新貧窮文化運動「貧窮人的臺北」，每年在十月十日世界貧窮日前後，舉辦各種認識貧窮樣貌及讓貧者現身的講座、展覽和活動，希望讓社會看見他們的存在，也讓個別貧者參與其中而得到培力。藉此，希望肯認貧者對國家與社會的貢獻，倡議政府及社會大眾應看見他們的努力，去除威脅或侵害其尊嚴的或隱或顯的機制。這麼做不只是種同理心的展現、人道主義的考量，更是形塑社會內部凝聚力、相互信任及休戚與共感的關鍵，對一個標榜進步、文明的國家而言至關重要。

值得一提的是，張教授本書的優點除了上述洞見外，還包括形式上以平易近人的文筆、各樣軼事穿插其中的書寫，跳脫一般學術論文大量引用文獻與抽象論理的枯燥文體。無怪乎本書成為新加坡二〇一八年書市的另類奇蹟，並引爆該國對不平等議題的熱烈迴響。同時，張教授雖立意走向公共書寫，但本書並未因此流於媚俗煽情，處處可見她節制的筆鋒、中肯的評價，誠實交代自身的資料或推論的限制。這讓本書不失學者作品該有的審慎。張教授是加州大學柏克萊分校的社會學博士，該系倡議「公共社會學」的著名社會學家麥克．布洛維（Michael Burawoy），一直鼓勵學者不應畫地自限於學院象牙塔內，應竭力將辛苦蒐集並嚴謹分析的成果與公民社會及一般大眾分享，以與政策社會學、批判社會學、專業社會學等取向的努力，共同促進社會朝向更理想的方向轉變。我認為張教授的這本書及後續在新加坡引發的效應，充分展現了公共社會學之理想實現的可能，以及當實現後的威力。本書不僅值得推薦給關心貧窮、不平等議題的臺灣讀者閱讀，也可供希望發揮社會影響力的學術人士參考。

原書序
不平等的民族誌

郭建文（新加坡南洋理工大學社會學教授）❶

「我原本是打算研究貧窮，研究低收入者，研究**他們**。日子一久，我漸漸發現，我揭露的故事是關於不平等，關於相對的富裕與貧窮，關於**我們**。」張優遠把這段學術歷程寫成《不平等的樣貌》，這本書是關於「不平等的民族誌（ethnography）」，❷而非介紹

❶ 新加坡南洋理工大學人文與社會科學學院的創始成員，並擔任第一任社會學系主任、校務議會委員，以及負責學生生活的副教務長。研究領域包括社會記憶、心理健康、海外華人與亞洲現代化。他向來積極參與新加坡的民間團體和公共部門，尤其是藝術與文化遺產領域。

❷ 譯注：民族誌是社會人類學者以參與觀察的方式，對特定文化及社會蒐集製作資料、記錄、評價，並詳細描繪和解釋觀察結果。民族誌研究的基本訴求是能掌握人們每天活動的意義，鼓勵研究者離開研究室，走入研究場域，真正了解當地人們所思所行。研究者必須長時間參與，並以訪談方式蒐集資料，掌握研究場境中當地人的觀點，了解當地人對自身所處生活世界的看法，亦即從當地人的視野及角度觀察他們的文化生活，並以全觀的方式，盡可能地完整描繪所探索的研究團體。（資料來源：國家教育研究院學術名詞資訊網。）

一系列貧窮的故事」，她邀請我們獨自一人，或是與她和其他人，一起展開這趟旅程。

思考這本書的意義時，我的腦海浮現一句話，不過我不知道該不該寫出來，因為聽起來太像陳腔濫調，但是重讀這本書，事實上幾乎是任何一頁，我又再次感受到它與眾不同的特質，這在社會學家或是任何學者撰寫的書中都極為少見：**這本書以美好的筆觸，講述沒那麼美好的主題。**

寫得很美，是因為閱讀這本書，好似聆聽一首樂曲，多重旋律層疊交織，卻又相互干擾、挑戰。其中有兩道主旋律相互呼應、引發張力，來自於兩種截然不同的社會階級：張教授不斷提問、受訪者慷慨分享生活經歷。兩者同樣重要，而前者努力想理解並放大後者的聲音。同時穿插不斷重複的背景旋律，單調、響亮、反覆的鼓聲：對於功績主義（meritocracy）[3]與向上流動（mobility）的國家敘述（national narrative），以及已經內化為評斷自我價值標準的個人說法。

主題沒那麼美好，是因為不平等、貧窮和進步、富裕並存，不但對比懸殊，也不符合新加坡《國家信約》（National Pledge）記載的普世理想：「……建設公正平等的民主社會……。」在公開宣稱的社區主義（Communitarianism）背後，暗藏深深的個人主義，以功績主義為名，成為不可動搖、神聖不可侵犯的思想基礎。張優遠表示：「我們分叉的意識形態，一方面認為要置群體利益於個人利益之上，另一方面又是適者生存、照顧自己家人優先。」要正視不平等的問題，就必須正視這種矛盾的意識形態，到頭來便是面對自我，如此矛盾的自我。

我們可以感受到作者必須讓自己投入、經歷這樣的衝突，在這個不利於學術辯論的社會環境下，批評的言論甚至可能被解讀為對國家不忠。因此她在文中不斷搜尋、自省，有些地方則是模稜兩可，並且反覆提問。她一開始就問道：「我為什麼要把自己寫進來？這不是學術寫作的慣常做法。事實上，我覺得非常不自在。」彷彿覺得自己不該那麼投入。但是，如果無法讓讀者看到作者本身的不自在，就很難讓讀者加入不自在的對話。她知道這個主題會激發各種情緒，包括自己的情緒；她提及試圖改變現狀的焦慮和不耐，以及聽到座談會觀眾一再稱低收入者為「那些人」，她甚至感到憤怒。在理解低收入者為何陷入岌岌可危狀態的過程中，發現他們沒有受到該有的尊重和認可，這名學者坦白地揭露自己的脆弱。

的確，這本書並非傳統的學術著作，不過基礎仍是詳盡的實地考察與學術論文的批判分析。如果用狹隘的「關鍵績效指標」（Key Performance Indicators, KPI）來評估一名教授的「研究成果」，你可能會質疑此書的價值，尤其這本書並非針對專業人士撰寫的學

❸譯注：又稱唯才是用制度，指以個人能力或成就為基礎，使菁英分子獲得領導地位的社會制度。

術書籍。但是知識分子必須決定如何發揮所長，這也解釋張優遠這本書的影響力，以及此書出版後為何在新加坡蔚為風潮。更重要的是，這本秉持嚴謹學術研究態度、卻為一般讀者撰寫的書籍，如何在國內激發公眾對不平等現象廣泛、深度的辯論。

這本書觸及各種領域的讀者，從十幾歲的青少年到年長人士，一部分是因為它提供一種表達想法的形式，這正是許多人在尋找的，儘管觀點未臻成熟。張優遠內省的聲音和深具洞察力的分析引導出清晰的結論，讓讀者檢視社會的狀態，並思索如何理解我們處於截然不同生活環境的同胞。

在這裡，我想提出對二、三十歲讀者的觀察。他們不是在大學念書，就是在公家機關或私人公司上班，換句話說，這些人都是新加坡功績主義的受益者，其中大多數是有向上流動經歷的第一代畢業生，面對競爭激烈的就業市場和生活成本愈來愈高的環境，可能在穩定的生活中感受到不安全感。我在談論此書的公開場合，親眼目睹他們的回應；他們正學習以更細膩的方式提問，沒有脫離生命的形式和本質。許多人思考自己在社會服務、住房、教育、科技或金融界的工作，似乎希望從人性的角度理解低收入家庭的經歷和需求，而非只把低收入者當成協助和施捨的對象。這種理想主義打破許多人認為千禧世代漠不關心、憤世嫉俗、養尊處優的刻板印象，然而他們也可能被歸結為天真、不切實際、軟弱，甚至不愛國，因為那違背了新加坡成功的故事。

誰知道這種可貴的理想主義是曇花一現，還是能永遠持續，這又會對人民的道德觀產生什麼影響？書中有許多令人深思的句子，我借用其中一句：「尊嚴就像乾淨的空氣，除非短缺，否則我們不會注意到它的不足；你不會發現自己多需要尊嚴，尊嚴對你來說有多重要，直到你失去它為止。」我們也可以說，理想主義就像乾淨的空氣。

張優遠邀請我們參與這一連串不斷發展、緊密相連的對話，這已經超越她的著作，也超越新加坡。這暗指當她提到不同社會與同一社會的不平等，尤其在大城市裡：「摩天大樓與貧民窟的對比，大型購物中心與移工宿舍區的對比。」儘管新加坡是都市國家，沒有鄉下地區，但是吸引上百萬名來自鄰國與亞洲地區的外籍勞工，如果納入這些貢獻經濟成長的外來勞工的需求，不平等的問題就更為複雜。這就是為什麼張優遠的分析可以推及更大的範圍。如果容許新加坡人之間存在明顯的不平等，這代表我們如何看待**其他人**？此外，如果在新加坡這樣的模範國家，都有如此明顯的不平等現象，那麼本書揭露的動態和觀點，在中產階級逐漸增加、城市貧困問題加劇的亞洲主要城市，理論上都可能出現，例如吉隆坡、雅加達、曼谷、馬尼拉，以及印度和中國許多城市的居民，都可能付出不同的代價。

《不平等的樣貌》不僅是影響深遠的學術寫作新典範，也提供公眾參與的模式。這本書貫穿不同階層、城市、國家和地區，將我們連結在一起。發現自己身處不平等的環境，並開始持續關心、重視每一個人的尊嚴之後，也許更深層的問題是：我們共同的人性是什麼樣貌？

二〇一九年一月

前言

當代新加坡有沒有貧窮問題？社會學家不會從這個問題下手，根據她對世界的理解，問題的答案必然是有；但是身為新加坡人，聽到這個問題，她會想：嗯，我不太確定。

我是以社會學家的身分展開這項研究，同時也以新加坡人的身分。從社會學家的角度，我知道只要尋找，一定會發現；但是從新加坡人的角度，我無法想像自己會看到什麼景象。這兩個背景是本書的基本架構，無論知道什麼、無論我們的知識出自於哪些經驗真理，每個人都還是會有盲點。這些盲點來自於習得的觀念、來自於內心深處的偏見，是我們與社會上許多人同樣抱持的看事情（或不看事情）觀點。

本書是為了廣大的讀者所寫，一部分是因為我和許多我希望接觸的新加坡人抱持相同的想法。我們對於自己是什麼人，以及這個地方是什麼模樣，多半具有相同的想像和假設。這本書就像大型手電筒，照亮、搜索，然後提出觀察後的證據，讓我們能夠辨識盲點、重新檢驗自己的假設，這是由外部引導**與**內心進行的對話。這名社會學家在問新加坡人：看看這裡，你們看到什麼？

本書是我觀察後的發現；關於一名新加坡社會學家的所見所聞；關於正視貧窮與不平等的關聯；關於承認貧窮和不平等問題，如何揭露這個社會和我們自身令人不自在的真相；我們一旦看到了，就不能、絕對不能視而不見。

≠

本書的內容是以單獨閱讀的形式撰寫，不過也按照順序整理。每篇文章都希望達成兩個目標：第一是為讀者描述低收入人士生活的某個層面；第二是顯示我們必須了解人們的經歷，才能理解導致不平等的結構問題：不同階級環境的人可能做相同的事，卻得到截然不同的結果。

這些文章汲取三年（二〇一三年至二〇一六年）以來，與低收入者聊天、觀察和深入訪談所得到的資料，以及十年來對於新加坡家庭、社會福利、性別和公共政策的研究。我分析低收入者的經歷，以進一步了解新加坡的托育結構、福利制度、教育體系，以及勞動環境背後蘊含的邏輯和原則。

我以整個社會為背景，來理解一群人的生活和經歷。本書是關於不平等的民族誌，而非介紹一系列貧窮的故事。

為何選擇民族誌的研究方式？通常針對不平等的研究，主要是根據數據趨勢檢視問題。數據當然重要，但是經驗也很重要。了解人們每一天的遭遇，才能闡明社會底層的人如何經歷不平等，以及他們為此付出哪些代價。民族誌的研究法告訴我們助長不平等持續存在和深化的鷹架，以及制度和文化如何在鷹架間婆娑起舞。

為什麼主題是不平等，而非貧窮？不同於在新加坡及其他不平等問題日益加劇的地區廣為流傳的說法，「窮人」並非存在於制度外，也不是主要趨勢的例外。他們的處境是社會現實中很重要的一部分；他們的生活和謀生方式，與較為富裕的人有直接關聯；他們受到的限制，揭露更廣泛的社會狀態和政治經濟的邏輯。

如果沒有納入不平等，僅僅探討貧困，會導致我們錯誤地將結構性問題歸結為個人的失敗。另一方面，如果沒有討論貧窮，僅僅研究不平等，尤其是只將重心放在趨勢和數字上，就會使研究缺乏人性，因為我們只提出現象，沒有指出真實的人遭受哪些不平等待遇。

今天在全世界，我們看到嚴重的不平等、社會福利制度（welfare regimes）[1]瀕臨崩潰、社會契約（social contracts）[2]和信任感愈來愈薄弱，新加坡則是出現高度富裕、高度不平等社會難以避免的緊張關係和矛盾。映入眼簾的是，每一天不斷複製貧窮和不平等的生態。到頭來，正視貧窮和不平等，就是認真思考與倫理道德相關的問題：何謂應得、什麼是社會、「完成大我」可以或應該包含哪些層面。

≠

提問的方式影響我們如何看待解決方案。本書的使命看似簡單，卻是之前缺少又相當重要的：要求讀者以不同方式提問、改變看待事情的角度，思考原本認為的「常識」，這麼做之後，就會發現自己是問題**與**解決方案的一部分。

研究與撰寫本書的過程中，我有時會覺得煩躁不耐。許多社會的缺失在我看來都是可以解決的問題，但卻不知道從何下手。就像許多新加坡人一樣，我想知道政府可以做些什麼？如同許多社會學家，我想問我們每一個人（尤其是當權者）能夠做些什麼，才能看到不同的結果？

一位很有智慧的朋友提醒我制度的韌性，他告訴我，看似有影響力的人反而最常感到無能為力。他提出一個比喻：搭乘捷運時，是不是會看到車廂突然晃動，卻沒有人跌倒，大家都站得好好的？制度就像那樣，光靠一個人的力量無法改變。

在研究生涯中，我花了很多年時間探討人們為何能動性（agency）[3]有限，也就是我們是在自己難以掌控的特定條件下做決定和生活。這是社會學家的根本假設，但是這位朋友說完後，我提醒他，他的比喻很好，不過其中有很重要的差異：物理定律沒有涵蓋

---

❶ 譯注：是指經由政策、制度，及官方機制，提供公民相關的福利服務，保障公民福祉。
❷ 譯注：人民與政府之間的責任和義務。社會契約的形成是基於一系列具體的政治條件，例如政府必須有能力為人民服務，保障公共安全，以及社會菁英願意動用政府資源，滿足社會的期望。
❸ 譯注：是指人類獨立思考、採取行動的能力。

深思熟慮後的行動；分子、原子、重力、動力，都不是按照道德行事的人，但我們是。

本書是邀請函。你拿起這本書閱讀，一定有你的道理。我大膽地寫出所見所聞，卻不敢放肆地認為自己知道讀者會如何詮釋，以及這些文章能為讀者帶來什麼價值。本書邀請所有感興趣的人，希望在接下來幾年中，我們能夠開啟對話、深入討論，把文字和想法轉化為行動。我們也許決定採取行動，也可能選擇不行動，但兩者都是我們的選擇，因為我們並非只是分子。

第一章

Step 1：
Disrupt the Narrative

第一步：
破壞原有的敘述

每次想到這次研究，經常會出現一段令我百感交集的回憶：我開著車，離開建屋發展局（Housing & Development Board, HDB）的租賃組屋。我重複這個動作的次數已經多到數不清。在田野調查的社區待了幾小時後，坐進車裡，發動引擎，拿起水壺喝一口水，接著開車回家。

家是舒適的樓房，只隔了半小時車程，卻是完全不同的世界。

當我坐進車裡時，經常還想著方才遇見的人，回想他們和我分享的故事。有時因為走了好幾小時而滿身大汗；如果剛剛的話題出現臭蟲，我的手臂和腿都會發癢。

車子開動後，我回到另一個截然不同的世界。在那個世界，我的職業替自己帶來尊重和肯定；我可以隨口對家人說：「我好累，今天晚上不想煮飯，我們去外頭吃吧！」我走進任何一間商店、博物館或餐廳，店家都將我視為潛在的顧客熱情迎接。這是符合新加坡全球化城市形象的畫面，而我就是全球化的公民，無拘無束、見識廣博、自由移動。

我第一次開車離開，是在和一群女性聊天後，她們把自己一週大致的移動路線畫給我看，類似這樣：

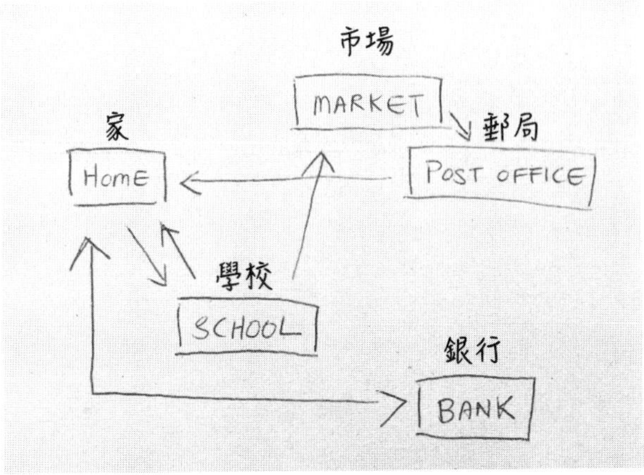

大島還是小島？

那天下午，車子駛上高速公路，我突然意識到在自己的生活裡，開車上路只是稀鬆平常的事，只要想做隨時都可以，但是對於剛才認識的那些人來說，卻一點也不尋常。這個發現讓我覺得有點驚訝。

每次和外國人聊天，必然出現的話題就是新加坡有多小，這裡**只是**一座小島。向從未來過這裡的朋友描述新加坡，我也時常重複這套陳腔濫調。可是這座島對我遇到的這些人來說很大，他們基本上只去少數幾個必要的地方：上市場買菜、到銀行存錢、到郵局替水電費預付卡加值或支付其他帳單。和我同樣社交圈的人則是想去哪裡就去哪裡，然後抱怨週末無事可做，相形之下，我剛認識的這些人，在新加坡的生活範圍僅限於幾公里，若是到較遠的地方，都是為了工作，而不是休閒或消費。

初次探訪後不久，我又認識很多人，他們一輩子住在新加坡，卻沒去過很多我連想都不會多想的地方。

自由移動和難以移動，除了關於空間外，也是關於時間。既是在不同地點移動，也隨著時間改變。

自由移動和難以移動是現實生活，也是心理狀態，除了描述我們每天的行動，也影響我們如何思考自己去過的地方，以及未來能去哪裡。

發表這項探討當代新加坡貧窮問題的研究時，提到物質的匱乏，有些聽眾的反應是講述**自己**成長過程經歷或熟悉的困境。我在一場研討會上提到一名女性，一家人好幾個月無家可歸，她的孩子在上學前，必須每天凌晨四點到公共廁所洗澡。說到這裡，一名七十多歲的老先生打趣地表示他也每天洗冷水澡，還說那樣很舒服，因為新加坡天氣炎熱；在另一場活動，我談到有些孩子因為家裡有臭蟲，夜裡難以成眠，導致早上睡過頭，無法上學，有人反駁說他小時候家裡也有臭蟲。

他們之所以這麼說，一方面是在開玩笑，不過一部分目的是為了削弱我發言的影響力，他們基本上在暗示洗冷水澡沒那麼辛苦、家裡有臭蟲也沒那麼麻煩，但是事實並非如此。這兩人提出的個人特殊習慣或是昔日的浪漫景象，對於我最近幾年遇到的人來說，是每天必須面對的狀態。每一天，他們看到其他人似乎都「苦盡甘來」、過著舒適的生活，只有他們「落後」。

國家敘述與個人敘述

兩人提到的「困頓」，都符合某種特定的故事，而且每年持續出現更多素材支持這套說法，包括展覽、海報、電影、網站的宣言和口號、新聞報導。故事層層交疊，不但強化整體結構，也營造出「常識」的形象。在新加坡人心目中，即使是擅長批判性思考的人，這套說法都深植我們的內心、滲入我們的情緒，變成我們個人敘述的一部分，已經很難明確地表達。

我們告訴自己的故事是：在短短幾十年內，新加坡成為閃閃發亮的全球化城市；我們以前很窮，現在很有錢；我們缺乏天然資源，現在卻想吃什麼就吃什麼、想買什麼就買什麼，在這座城市全都找得到；我們以前沒受什麼教育，現在孩子的標準化測驗成績在全世界名列前茅；我們安全、乾淨；我們真是太棒了；我們真是太棒了；我們真是太棒了。

為了維持太棒了的狀態，我們必須保持移動。移動、行動和流動，這些都不是只為了做表面工夫，而是為了生存。一旦停滯不前，就注定要失敗。

這樣的敘述有什麼意義？那兩名男士在研討會上提到自己的「困頓」，他們那套已經理所當然到不須多做解釋的故事，使他們的經歷成為一種尊嚴，而非恥辱。一個人可以自豪地暢談洗冷水澡，因為他知道自己已經出頭了、大家也接受他的成功；一個人可以溫馨地回憶家裡的臭蟲，而非感到羞愧，因為他確信自己已經澈底擺脫貧窮的黑暗日子。國家驚人進步的故事成為他們個人故事的背景，這些人可以宣稱自己是光榮勝利的一部分。

我們不禁思考：那些以前和現在沒有移動的人，他們的尊嚴呢？在這套敘述的架構之下，那些停滯不前的人又有什麼感受？

不平等與貧窮

不平等和貧窮是緊迫的全球問題，也是學者、記者、社運人士、政策制定者、國際治理機構密切關注的議題。[1] 實例證明，這兩個問題息息相關，而且政府的作為（和不作為），加上企業的運作方式，都對於加劇或改善問題有深遠的影響。

全球不平等的問題日益嚴峻，國與國之間仍然存在極大的不平等。帝國主義與殖民主義的遺跡，伴隨著北半球對資源的壟斷、犧牲南半球人民的福祉，仍是現今的現實。[2]

社會內部也極度不平等，有些人擁有大量現金和資產，很多人卻危在旦夕，其他人似乎已經完全退出比賽；在城市裡，也是目前大多數人居住的地方，下述現象歷歷可見：摩天大樓與貧民窟的對比；大型購物中心與移工宿舍區的對比；家庭幫傭和建築工人勞動的身軀，與在健身房鍛鍊的身體形成對照。

新加坡似乎很晚才意識到所得與財富分配不均的問題，因為我們很難把這些現實納入進步繁榮的故事裡。

在新加坡，由於數據不夠完整，因此很難確定不平等和貧窮人口的比例，儘管如此，研究人員根據定量數據分析，發現近幾十年來基尼係數（Gini coefficient）的軌跡顯示，貧富差距在一九六〇年代和一九七〇年代稍微緩解，不過從一九八〇年代到現在再

❶ 近年來關於不平等與貧窮研究的一小部分，包括經濟合作暨發展組織（OECD）（2014）；Piketty（2014）；Inglehart（2016）；瑞士信貸集團研究機構（Credit Suisse Research Institute，2014）；Bourguignon（2016）；Ostry、Berg與Tsangarides（2014）；國際金融發展組織（Development Finance International）與樂施會（Oxfam）（2017）；Stiglitz（2012）；Amin（2013）；Ferguson（2006）；Garon（2002）；Haney（2002）；Kohl-Arenas（2015）；Mullainathan與Shafir（2013）；Standing（2011）；Wacquant（2009）；Prasad（2012）；Ackerman、Alstott與Van Parijs（2006）；Ehrenreich（2010）；Sainath（1996）；Edin與Kefalas（2011）；Davis、Hirsch、Padley與Marshall（2015）；Song（2009）。

❷ Ferguson（2006）；Roy、Negrón-Gonzales、Opoku-Agyeman與Talwalker（2016）；Sassen（2001）。

度惡化。[3]

二〇一六年，若不考慮政府轉移支付，衡量收入分配的基尼係數為〇．四五八，如果納入政府額外補助與津貼後則是〇．四〇二。[4]收入最高的一〇%家庭人均月收入（來自受薪工作）為一萬二千七百七十三新加坡幣（臺幣二十六萬九千三百八十三元），是八一%到九〇%家庭的二．一倍（五千九百五十八新加坡幣，臺幣十二萬五千六百五十四元）；四一%至五〇%家庭（二千三百三十九新加坡幣，臺幣四萬九千三百三十元）的五．四倍；最低一〇%家庭（五百四十三新加坡幣，臺幣一萬一千四百五十二元）的二十三倍。在富裕國家中，新加坡是數一數二貧富不均的國家（僅次於香港）。[5]

由於政府沒有設定貧窮線標準，我們很難確定新加坡有多少窮人，但是如果按照部分國際組織和學者的定義，也就是收入低於全國收入中位數的一半，大約有五分之一的居民[6]可以定義為貧困人口。[7]

過去三年中，我訪談的對象是位居收入最底層，符合建屋發展局入住租賃組屋資格的家庭。按照建屋發展局設定的標準，這些家庭的月收入不超過一千五百新加坡幣（臺幣三萬一千六百三十五元）。他們的處境也許特別糟，不過透過他們的經歷，可以幫助我們了解這座現代化國際城市居民必須面對的挑戰和不安全感。仔細檢視他們的生活，目的不僅在於了解這群收入極低的人，也是為了分析他們的經歷，讓我們從更廣泛的角度理解我們的制度。

唯才是用制度與個人對於價值的敘述

很多人認為促進社會流動的承諾，等於致力縮小貧富差距。許多國家領導人強調，他們竭力提供向上翻身、改善生活的**機會**：我們不能保證結果一定平等，但是可以保證每個人都能公平地參加競賽。新加坡政府在推動平等方面，向來側重於提供類似的機會，也就是所謂的「唯才是用制度」。

透過唯才是用的論述與制度化，大規模向上移動的說法因此縮小到個人層面。

「唯才是用制度」的架構為何？首先是**個人**可以朝著社會上層移動。這是較為現代的概念，暗示個人的命運脫離家庭。其次，流動可以靠著在正規教育下努力念書而實現，不同於教育普及之前的主要模式：從事商業活動或創業而成功。第三，正規教育制

---

❸ Ng（2015）。
❹ 新加坡統計局（Singapore Department of Statistics）（2016）。
❺ 中央情報局（Central Intelligence Agency）（2017）。
❻ 請注意，官方統計數字不包括居住在新加坡的大批臨時性移工，二〇一六年有將近一百七十萬人，約占總人口的三〇%。如果納入他們的收入，由於大多數是低薪勞工，所得不均和貧困的比例可能更高。
❼ Donaldson、Loh、Mudaliar、Kadir、Wu與Yeoh（2013），以及Smith、Mudaliar、Kadir與Yeoh（2015）。

度著重於學術知識與測驗這些知識的考試。第四，雖然努力念書很重要，但是成功的元素也包括天生能力，儘管每個人都有成功的機會，但是人與人之間天生就存在不平等，無法藉由制度矯正天生智力和才能的不平等。唯才是用制度的一部分，是對學生進行分類、篩選、剔除，並給予學生不同獎勵，而考試是主要的分類工具。

因此，唯才是用一部分的腳本是很少受到討論，卻廣泛為人接受的層面：這個制度追求的是公平競爭，但是競爭的結果必然導致學歷、專業、收入、財富方面的不平等。換句話說，雖然沒有任何政治領導人會如此強調，但是唯才是用制度從來不是關於，也沒有假裝能帶來平等的結果。事實上，不平等是唯才是用制度的必然結果。教育制度進行篩選、排序和分級，並認可「最頂層」的學生時，就表示在這個教育制度下成功的人**配得上**好生活，[8]隱含的意思就是底層的人配不上。

藉由對於唯才是用制度的討論，並形成制度，大規模向上移動的說法因此在個人層面具體展現。國家成功與個人成就的關聯，是很有力的集體和個人的說法，形塑出成功的、正在移動的，以及靜止不動的人。回到那兩名拿冷水澡和臭蟲開玩笑的男士，我們可以說關於社會流動的國家敘述，扎扎實實地嫁接到他們描述自我價值的故事裡。

唯才是用制度：沒有發揮預期中的成效，還是成效正是如此？

有時我在下午或晚上進行田野調查，拜訪不同家庭，和他們聊天時，會覺得時間突然慢了下來。我走進組屋，看到一九八〇年代，童年時學校放假在祖父母家看到的情景。他們住在馬來西亞比較鄉下的地方，可以看到大人用爐子燒水，讓孩子從水桶舀出溫水洗澡。白天時，草蓆堆疊起來，收在一旁，晚上再鋪在地板上，因為睡覺的空間也是生活空間。

我觀察到許多美好的事物，想起人與人之間關係更緊密、更貼近日常生活節奏的時光：我們坐在地板上聊天，花時間了解彼此，建立信任，而不是急於追求狹隘的目標或可以量化的終點。他們其實有很多事要忙，卻依然很有耐心地把事情擱置一旁，回答我的問題。我開始從全新的角度檢視自己擔任大學教授和職業婦女的日常生活節奏，發現平日忙亂的社交互動，使我忽略了人的本質。

才六歲的孩子，在走廊間奔跑玩耍，就會照顧年幼的弟妹和鄰居；他們的獨立和照顧他人的能力，令我佩服不已。

[8] Bourdieu（1989）；Karabel與Halsey（1977）；Khan（2011）。

我花了好一陣子，才不再把這些場景視為浪漫的過去或貧窮的現在，兩者皆非，也兩者皆然。我們需要另一組詞彙才能描述這些景象，要用另一組鏡頭才看得清楚。

我必須把鏡頭拉遠：把組屋放在城市裡，拿這些孩子對照新加坡學校同齡的孩子，最重要的是，只有暫時放下內心關於新加坡的敘述，以及自己家庭的故事，也就是從第三世界到第一世界、從下層階級到上層階級，我才能看清楚這樣的生活代表什麼意義。我必須強迫自己檢視各種情況（包括他們的和我的）的陷阱與優勢、反轉構成我們互動的階級結構（我，一名教授，想當然地優於清潔工、收銀員、司機、勞工），然後捫心自問：他們的情況有哪些陷阱或優勢？**我的**情況有哪些缺失？如何從我們的環境和生活方式的對照裡，找出影響每個人做決定和打造生活的**制度**出了什麼問題？

提出這些疑問，代表問題不是只關於「他們」，而是同時與「我們」有關。我們要打破以收入和學歷來衡量所有人的觀念，質疑一般人認為眾所周知、毋庸置疑的志向：追求文憑、地位、財富、排名。

這裡的重點在於，許多我們認為「好」的特質和價值觀既不中立，也不適用於每一個人。

反覆思考和釐清這點很重要。從第三世界到第一世界、從下層階級到上層階級的討論，都是假設某種類型的改變是好的，以及我們經歷的改變是必要的。今天新加坡的標準生活路徑：就學、就業、存錢、結婚、買房、生子、育兒，就是假設這套狹隘的中產階級做法和價值觀是「正常的」。所謂的正常暗示這樣的腳本是天經地義的常識，也是準確無誤的標準規範。在討論貧窮問題時，即使本意良善，大多數人抱持的基本假設都是，低收入者的生活方式比較不好、他們的路徑「偏離正軌」、他們的「選擇」很糟、他們的「文化」有問題，而且適當的干預措施就是要讓「他們」表現得更像「我們」。

我們往往忽略了獎懲制度不夠中立的事實。在我們的社會裡，並非所有特質、技能和能力都同樣受重視。我們當中的一群人設定標準，用來衡量別人，卻沒有好好思考設立標準的方式。

能夠安靜坐著、聽從大人指令、準確拼寫即使不符合拼音規則的英語單字，這些都是從小學一年級入學第一天就必須具備的「成功」要件，也是我們當中較為富裕的人可以花錢為孩子培養的特質。從宏觀的角度來看，我們幾乎無法捍衛**其中的**價值。另一方面，對鄰居慷慨、從小就擅長做家事和照顧手足、大家庭相互扶持、依賴，這些我經常在低收入社區看到的美德和做法，都不是我們積極提倡的價值，這種真正的「社區」精神，並不符合關鍵績效指標（Key Performance Indicator, KPI）。在我們的獎勵制度下，這些美德無法轉化為讓家庭和個人向上爬升的實質或象徵性資產。在新加坡的故事裡，這些都不是能夠清楚辨認的價值，尤其展現這些價值的是低收入者。

我們堅持某些行為應該受到獎勵時，通常是因為自己握有既得利益，不是因為這些行為是珍貴的人性特質。

在這座無論我們告訴自己或外界的故事都是快速向上移動的城市裡，我這幾年訪談的對象被描述為「落後」的人。更重要的是，由於人們認為向上移動是個人努力的成果，他們也因此被標記為輸家、「跟不上腳步」。他們之所以卡在那裡，往往是因為學歷不佳、薪資微薄，以及沒有獲得解決的托育缺口。

所以我們不是住在一座城市裡，而是很多座城市。

對於像我這樣的人，這座城市充滿無窮的可能，包括各種娛樂活動、完善的基礎設施、安全、生活保障、社會流動；在低收入者心目中，卻是移動範圍有限的城市，除了生活上的困頓，也覺得自己沒有容身之處。他們和孩子具備的特質：韌性、獨立、慷慨，在這座閃閃發亮的全球化城市裡不受重視，也很難找到立足點。

在新加坡，對於唯才是用制度最常見的批評是沒有發揮真正的作用，以及我們的問題不在於制度背後的原則，而是在於實施，因此出現無數次的調整，希望讓它「升級」。在社會學的文獻裡，唯才是用制度基本上是對人進行分類、篩選，然後給予不同獎勵的制度；它將分類的過程和結果合理化，並且基於相當狹義的概念，決定什麼特質值得獎勵、什麼不值得。在這種情況下，如果出現皮耶・布赫迪厄（Pierre Bourdieu）所謂的「誤認」（misrecognition），制度就能運作順暢。[9]

當我們認為某個制度是基於一套原理，實際上卻是基於另一套時，就會出現誤認：我們認為它獎勵個人的努力，事實上卻是獎勵父母傳承給孩子的經濟和文化資產。如果不了解唯才是用制度背後真正的原理和機制，這就成為將勝利者合理化的制度，讓我們相信那些人是憑藉自己的努力和才智，而非因為繼承不公平的優勢而成功。這個制度也告訴我們一套關於失敗者的故事，認為那是出於個人缺失，並非制度對某些人不利。

從社會學的角度來看，新加坡的唯才是用制度完全發揮該有的作用，也讓所有人（無論是哪一個社會階級）相信，我們都處於自己應得的位置；無法讓孩子具備**必備特質**的人，就得為此付出代價。

隨著社會愈來愈不平等，我們發現這不僅是低收入者要付出的代價，也是收入較高者必須付出的代價，因為他們發現只要稍微往下移動，後果就不堪設想。補習班和才藝班林立、孩子出現憂鬱與焦慮症狀、父母承受極大壓力，以及浪費時間監督家庭作業，對收入較高的人來說也是不小的成本。

[9] Bourdieu（1989）；Bourdieu與Wacquant（1992）。

人並非住在孤島上（即使我們的確住在一座島上！）。我們透過豐富、錯綜複雜的關係，與社會其他人連結在一起。我們決定做或不做什麼，都受到別人的想法影響，包括是非對錯、善與惡、價值高低。社會大眾認可的腳本和說法，為我們最後選擇的途徑和做法賦予意義。

正是根據這樣的腳本和說法，我強烈意識到自己的教授身分，而我遇到的一些受訪者，會認為自己是清潔工，所以矮人一截。每天感受到別人如何看待我們、和我們交談、對待我們、邀請或不邀請我們參與社交活動，都是用來打造自我的素材。我的文憑替自己打開大門、創造機會，所有人寫信都尊稱我為「教授」，而且每年因為「績效」獲得加薪，不僅增加我的自信，也提升我的實質收入。當低收入者走進社會服務中心時，必須回答無數私人問題：關於他們的家庭生活、銀行對帳單怎麼多了四十元、為什麼不去找薪水好一點的工作，都增加他們自卑、微不足道和受排斥的感覺。

關於不平等的民族誌

針對不平等的研究，通常視為客觀的事實與數據問題。這當然沒錯，但是數字雖然取自於真實狀態，卻無法完全描述狀態本身。不平等的社會現象是一種經驗，是**每個人**每一天都能感受到的現實。我們必須透過這些生活經驗，了解不平等是如何產生並不斷複製。

身為社會學家，我對結構感興趣，意思是我想知道制度、規則、法規如何影響每個人能做和不能做什麼。但是結構並非決定性因素，它本身無法驅動歷史，結構雖然提供基本架構，但實際上是人透過日常生活來展現，我們可以從這些日常生活的做法，了解結構的影響。

我原本打算研究貧窮，研究低收入者，研究**他們**。日子一久，漸漸發現，我揭露的故事是關於不平等，關於相對的富裕與貧窮，關於**我們**。

如果只是寫一本探討貧困的書，並且如同以往，認為只要花更多心力關注**他們**，就能解決眼前的問題，那一定容易很多。但是那麼做就不夠誠實，也是貧乏而不完整的知識。

這樣的知識為何重要？因為我們檢視問題、提問的方法，都會影響解決方案。假使沒有認清問題，當然找不到能夠解決問題的方案。

≠

關於貧困的研究並非高深莫測的學問，其中的道理沒那麼難以理解。

關於貧困的研究並非高深莫測的學問，我們不是因為複雜的證據或理論才無法理解。

這麼說不是指這個問題不需要研究，其中還有很多事物，必須透過嚴謹、按部就班的觀察去了解。我之所以會這樣說，一部分是因為經常聽到有人聲稱：「這個問題很複雜。」我等著對方說完，卻始終等不到。因此，我要說的是，是的，它很複雜，但沒有複雜到無法理解的程度。

我為什麼要把自己寫進來？這不是學術寫作的慣常做法。事實上，我覺得非常不自在。我加入自己的觀點，是因為隨著研究愈來愈深入，發現自己必須這麼做，才能改變我們檢視不平等和貧困的角度。

理解不平等與貧困最大的障礙是我自己，或者說是本身的社會地位與在新加坡故事的位置。要接受新加坡貧困和不平等的**現實**、輪廓、經驗，承認這些問題**確實存在**，意識形態是很大的障礙。這也是我們共有的意識形態，是深植於國家敘述裡的意識形態。

對於握有不同程度權力、地位和影響力的人來說，理解貧窮和不平等最大的障礙，是**我們**長期以來擁有的實質或形式上的既得利益。我們與這套成長、發展、唯才是用的國家和個人說法緊密相連，以至於很難面對和正視不符合這些說法的故事。

有一套說法不是壞事，我們需要能夠告訴自己的故事，才能了解過去、找出當下的意義和未來的希望，但是如果敘述變得過度一致，就成為既得利益、偏見和盲點的堡壘。

為了看得更清楚，我們必須擴大敘述的範圍，除了挖掘出更多數據外，也不能把自己局限在追蹤統計趨勢或記錄貧苦生活的案例，我們必須設定的目標是改變說法，包括國家的敘述**和**個人內心的敘述。若能正視每個人都牽連在內，以及我們過去堅持的說法如何維護自己的特權，因此導致一部分的同胞持續處於劣勢，才能真正開始談論解決方案。

改變敘述之後，可能有哪些不同做法？

我們不會隔離貧窮，覺得那是「別人」的問題，認為有些人提供「協助」、有些人接受「協助」；每一次討論貧窮，我們會同時談論富裕；我們會堅持菁英主義和邊緣化是一枚硬幣的兩面；在談論剝削、日常權力行使時，我們不會遮遮掩掩、含糊其辭；我們能夠面對令自己不自在的真相，即是我們這些擁有較多資源的人做對「我們的」孩子最好的事時，就是在進一步深化對美德狹義的定義，同時縮減具有其他不被教育制度認可特質孩子的發展空間；我們勇於承認這是道德問題；更重要的是，我們能從更寬廣的角度檢視既有制度；我們會研究教育制度和所謂的唯才是用制度、社會福利與所謂的依賴，並且思考如何大幅翻轉這些準則，而不是反覆微調。

貧困並非高深莫測的學問，第一步是破壞原有的敘述。

第二章

Everyday Lives

日常生活

晒床墊。（張優遠攝，2013年。）

夢想：自己的房間

住在租賃組屋的人很想搬出去。他們告訴我如何累積中央公積金帳戶（Central Provident Fund, CPF）的存款，然後去建屋發展局登記排隊。他們談論等待和渴望。他們的夢想不大：讓孩子在安全的環境下成長、有自己的房間；他們的夢想也有點淒涼：擁有自己的組屋才有安全感，因為如果他們「怎麼了」的話（也就是早逝），家人才不會流落街頭。

根據這種搬出去的願望，我們大致能了解租賃組屋的狀況，儘管也有人提到社區的各種優點，像是鄰近市場或捷運站、鄰居樂於助人等等，不過顯然租賃組屋不是一個人會想永久居住的地方。

前面提過的停滯不前，在他們心中是極不理想的狀態，這點可以明顯感受到。相較於在新加坡擁有自己的房子，打算一輩子住在裡面的人，租賃組屋的居民很想搬走。因此我們應該試著了解，建屋發展局的租賃組屋和社區為何那麼不受歡迎。

租賃組屋的環境

建屋發展局的租賃組屋通常位於一般住宅區，並非單獨隔離的社區。從前的租賃組

建屋發展局的租賃組屋區。（張優遠攝，2015年。）

屋多半是由三到五座建築相連，較新的租賃單位則夾雜在「一般」自有住宅區裡。如果是較舊的社區，你可以感受到自己置身租賃組屋之中，雖然路過的人也許不會發現，但是那一帶的居民都知道哪裡是租賃組屋。自有住宅和租賃組屋的居民有時關係緊繃，尤其在共用公共空間時，像是兒童遊樂場或球場。

倘若沒有仔細看，你不會發現某座組屋是否大部分或全部是租賃單位，但是只要開始留意，從街道上就能觀察到一些線索。

首先是門。辨別租賃組屋的一個方法是檢視門與門的距離，租賃組屋都是所謂的一房或二房式，意思是沒有臥室或只有一間臥室。一房式組屋有客廳、廚房和浴室，沒有獨立的臥房，大小約為三十五平方公尺（約十坪）；二房式組屋有客廳、廚房、浴室和一間臥室，大約是四十五平方公尺（約十四坪）。相較之下，建屋發展局的四房式組屋，也是新加坡最常見的住房類型，❶面積為九十平方公尺（約二十七坪），是二房式組屋的兩倍大。❷因此租賃組屋相對而言較為狹窄，大門緊挨著大門。從外觀來看，你會發現租賃組屋單位密度很高。

高密度是居民緊張關係的根源，被問及是否喜歡自己的居住環境時，很多人一開始都說：「還可以。」但是如果繼續聊下去，就會聽到與他人近距離生活所引發的困擾。許多人抱怨公共區域很髒，如果住在共用垃圾槽附近，就會有大量蟑螂和螞蟻。部分社區臭蟲肆虐，單一家庭很難消除，因為會從別戶蔓延過來。這裡鄰居相互幫忙的比例高過我自己住的社區，但是有人告訴我，他們會小心不要太常和鄰居「混在一起」，以免成為八卦的目標，因為無論有意或無意，距離太近就容易相互監視。居民不希望讓自己和家人蒙羞，或是成為眾人關注的對象，尤其是單親媽媽，對於往來的對象更為小心，因為她們「不想被說三道四」。這些問題並非租賃組屋獨有，但是密度過高會讓問題更嚴重。

租賃組屋的第二個特點是氣味，我拜訪過很多租賃組屋，尤其是在較舊的社區，都有一種獨特、不太好聞的味道，很難說那究竟是什麼氣味，不過這也是高密度的結果。伴隨氣味的是公共區域的垃圾，包括廢棄的床墊和家具，有時還有樓梯間的貓尿味。室內空間有限，代表住戶得在走廊上晾晒衣服、床墊和布類製品，因此氣味也來自潮濕的布品。你會漸漸習慣那種味道，不過總是能隱約感受到。剛開始做田野調查時，撲鼻而來的氣味，是我走進租賃組屋社區最明顯的感受之一，我的大腦會立刻轉換到田野研究的模式；倘若幾週沒去，只要一聞到那種氣味，就會聯想到與社區及研究相關的回憶和感覺；走樓梯時，尤其是看到有貓尿的地方，我都會屏住呼吸。

我不認為垃圾和氣味的問題，是因為租賃組屋居民不擅長維持環境整潔，新加坡其他密度較高的區域也會產生大量垃圾。別的社區能夠保持整潔，是因為有許多人付出勞力在打掃。關於氣味，我想到的是：一回家就聞到這些味道，彷彿進入與新加坡其他地方不太一樣的空間。無論他們是否察覺，租賃組屋的居民回家時，他們進入的區域不僅在視覺上有所區隔，在更原始的嗅覺方面也有特殊的標記。

進行田野調查的過程中，我不會覺得不安全。老實說，我一開始有點小心翼翼，

❶ 新加坡統計局（2016）。
❷ 建屋發展局（2016）。

現在回想起來，必然是因為心裡也對低收入社區抱持偏見。就像所有不公平的偏見，在經歷真實複雜的體驗後，就會漸漸退卻。一旦認識曾經入獄或犯法的人，他們就變成真真實實的人，而不是諷刺漫畫裡的平面角色。不過，除了對低收入社區先入為主的想法外，租賃組屋的第三個特點也助長危險、不安全的感覺，以及不信任與監視的氣氛，那就是無論實際或象徵意義上，租賃組屋社區都經常能看到警察。相較於其他社區，警車和警察更常在租賃組屋出沒。部分居民告訴我，那一帶除了警察外，還會有緝毒人員。租賃組屋隨處可見的立牌和海報，也不斷提醒人們潛藏的危險，提醒居民他們的生活隨時可能遇到什麼嚴重的問題。

也許有根據經驗、看似合理的理由，證明相較於其他社區，租賃組屋社區為何需要較多警察與這類立牌和海報；也許與其他社區相比，這裡發生過更多需要警方關注的事件（儘管很可能正是由於警察的存在，在這裡即使輕微的犯罪也較容易被逮捕）。但是我們不禁質疑，在大部分居民奉公守法的情況下，是否有必要營造出這麼明顯的危險和不安全感。更尖銳的問題是，假使日常生活中看到的標示會影響人們的自我認知，而且目的也是提醒我們思考自己的行為和習慣，對於接收的訊息都只和犯罪與麻煩有關的人，會造成什麼影響？尤其是對在這些社區裡長大的孩子，每天被這類提醒自己不要做這個或做那個的訊息包圍，又會產生什麼後果？

提醒居民當心地下錢莊的海報。

放置在租賃組屋樓下的立牌，提醒此處曾有居民因無力還債，遭到非法放款業者騷擾的案例。（張優遠攝，2013年。）

我感受最深刻的一次，是和一群來自英國的訪客走過「一般」社區，其中一名訪客笑著說，這裡到處都是振奮人心的標語。我笑了出來，告訴對方，是啊，新加坡有很多提倡「美德」的標語，她大呼：「沒錯！美德！」

那時我已經開始在租賃組屋社區拍照，發現那一帶有很多負面的標語，她的觀察立刻讓我聯想到租賃組屋社區和自有住宅區的對比：

一邊是：不要（向高利貸借錢）；另一邊是：要（爬樓梯，促進身體健康！）。一邊是不祥的畫面；另一邊則是健康的圖像。自有住宅區的居民有時也會在電梯門上看到提防高利貸業者的海報，因此這些海報不是**只**針對租賃組屋的居民。然而，三年田野調查期間，在租賃社區等電梯時，我不記得自己看過除了「1800-X-AH-LONG」❸以外的海報。在這些社區裡，幾乎看不到英國朋友觀察到的振奮人心的標語。❹

想像一個孩子，每天放學回家搭乘這樣的電梯；想像你是那個孩子，在低收入租賃組屋社區成長，每一天觸目所及都是這種負面的標語。

租賃組屋內部

正如一般人預期的，組屋內部維護的狀況不盡相同：有些家具稀少，有些雜亂無章；大多數都很乾淨，儘管少數很髒；有些住戶以自己的家為榮，打理得整潔清爽、精

（左）租賃組屋社區的電梯。（張優遠攝，2015年。）
（右）自有住宅區的電梯。（照片由黃國和〔Ng Kok Hoe〕提供，2016年。）

心裝飾；有些人很有藝術天分，繪製壁畫或用模版在牆上彩繪，裝飾他們小小的空間。

雖然有這些差異，不過由於空間不足，所有住戶都要設法替家人創造空間。[5]房間不夠，代表客廳通常得兼作臥房，許多家庭的客廳只擺放少量家具，因為要留下睡覺的空間。有些人使用床墊，白天可以摺起收好，晚上再鋪放出來；其他人則是使用地墊，或是直接躺在地板上睡覺；有些人有沙發

一房式組屋的廚房和洗衣間。（張優遠攝，2014年。）

床。很少家庭擺放能夠容納全家人的大餐桌，即使有餐桌，一次也只能坐兩、三個人，很多人使用摺疊桌。在空間有限的情況下，能夠隨時將物品移開很重要。

居民的家具則反映出新加坡社會浪費的現象，部分收入有限的人擁有上好的家具，因為新加坡富人扔掉狀況還很好的物品。我有時在這些狹窄的組屋裡，看到漂亮的木雕椅子、華麗的床架，以及老舊但顯然製工精細的沙發，此外，正如社工經常指出的，很多人有平面電視。

電視這件事值得我們特別探討。在新加坡和其他地方，時常聽到有人說，低收入者也許不像他們宣稱的那麼貧窮，或是思慮不夠周詳等，因為他們擁有大螢幕電視。從我採訪的社工和協助低收入家庭組織的志工口中，也經常聽到類似的說法。他們說這些話時，通常是以開玩笑的語氣隨口提及，而非經過深思或帶有惡意，例如：「他們的電視比我的還大！」我也注意到拜訪的家庭幾乎都有電視，有些的確很大。一般人以為低收入家庭是到連鎖家電賣場購買電器，因為可以分期付款。很多人提到這點時，是在暗示低收入者不夠謹慎、沒有撙節開支。確實有些人以分期付款的方式購買商品，最後付不出錢；然而，不能因此聲稱他們花錢不夠謹慎，應該是說他們的收入無法滿足某些重要需求。

低收入家庭經常是透過捐贈和二手商店，來取得家庭所需的物品，像是電視、冰

❸「阿窿」（Ah Long）是福建話，指高利貸業者。

❹我在二〇一六年向建屋發展局的人員提到這個觀察，當時的感覺是他們從來沒想過這件事，不過在我提出這點後，他們也發現其中差異。

❺根據黃國和針對建屋發展局租賃組屋的調查，發現最常見的家庭類型是成年人和他們的小孩同住，其中四分之一的家庭成員是四個或四個以上。參見Ng（2017）。

箱、沙發、床、洗衣機和書桌。新加坡的有錢人家會在現有物品損壞前購買新電器和新家具，例如升級到解析度更高的電視。我拜訪的家庭中，很多都擁有不符合他們收入水準的電器和家具。雖然有些人是用分期付款購買，但有很多人會特意告訴我：「這是某某組織給的，那是某某組織送的。」比較年輕或擅長使用網路的人，會在二手物品網站購買東西。凡是曾將舊衣服、家具或其他物品捐到諸如救世軍（Salvation Army）這類慈善機構的人，都知道那裡堆滿各式捐贈物資。所以電視機，包括大螢幕電視在內，不是告訴我們低收入家庭「思慮不周」，而是顯示社會的高度消費和浪費。

在二〇一七年的新加坡，電視已經不能算是奢侈品，而是每個家庭都有的基本配備，有些家庭甚至擁有不只一臺。每次拜訪低收入家庭，我發現電視幾乎都是開著。我們談話時，通常維持打開的狀態，只是會把音量調小。他們通常沒有第四臺，所以是收看馬來語、泰米爾語（Tamil）或國語的公共頻道。有些家庭透過網路收看節目。此處的重點在於：電視在低收入家庭的日常生活中扮演重要的角色。新加坡是花費高昂的城市，外出通常代表得花錢，孩子可能要求買東西，或是必須花錢吃飯、搭車、購買景點門票。此外，父母也擔心附近環境的不良影響，如果待在家裡，沒有玩具或電動遊戲會很無聊，從事其他興趣的能力也有限，因此電視成為重要的娛樂。電視機可能是低收入家庭最重要的電器之一，只排在冰箱和洗衣機（經常也是透過捐贈取得）後面。

≠

由於室內空間狹小，加上想省電，有些住戶會關上家裡的燈，把門打開。為了維護隱私，有時會使用門簾或木製活動遮板。在我一開始的田野調查筆記裡，經常提到這些安裝在門上的遮蔽物。

很多人想搬離的主要原因，是希望讓成長中的孩子擁有更多空間。在如此狹窄的房子裡，很難保有隱私，如果家裡有一個以上的孩子，父母和小孩都沒有自己的房間。許多人，尤其如果女兒正值青春期，會想盡辦法營造某種程度的隱私，例如在雙層床的下層掛上簾子，或是把書架或櫥櫃當作牆板。在接下來的文章裡，我會進一步描述空間與管教孩子的關聯，簡單來說，空間不足可能導致青少年在外頭遊蕩、讓親子關係變得更緊張。

個人存放物品的空間也十分有限。我看過媽媽責罵孩子，或是告訴我會對孩子吼叫，要他們把各自的東西收好。保持整潔成為家庭成員必備的重要能力，因為空間要兼作各種用途，而且每個人都使用相同的空間，這也成為家人衝突和爭執的來源。因此與一般直覺相反，空間有限反而增加家事和壓力。

室內空間不足，代表物品會外溢到共享區域，例如衣服通常晾在走廊上；鞋櫃也很常見，雖然有人抱怨鞋子被偷走；自行車和小孩的滑板車停在走廊，同樣可能被偷。要了解為何相較於其他社區，租賃社區的公共區域往往擺放更多個人物品，別忘了室內空間不足的問題。

進行田野調查、到組屋拜訪低收入家庭時，當下的感受經常令我訝異。有些舊組屋的走廊空氣不流通，產生幽閉、窒息的氣氛。我走進屋內，如果一陣風把門關上，我會覺得自己被困在狹小幽暗的空間裡。二〇一三年，新加坡霧霾問題嚴重，空氣品質不佳，每天都得面對襲擊鼻腔的煙味和眼睛的刺痛感。我記得辦公室空調的舒適，與我拜訪的住家形成鮮明對比。[6]

見到營養不良的人也令我詫異，有些人告訴我，他們有時沒錢採買食物，也有人選擇少吃幾餐，好讓孩子多吃一點。在一開始的研究筆記裡，我時常記錄自己驚訝的感受。當時目睹的狀況，如果出現在我的生活圈，很多都會是急迫的危機。剛開始研究的前幾個月，我無法停止談論臭蟲，但是對我的受訪者來說，臭蟲和許多其他事物都只是日常生活的一部分。

從大環境檢視：何謂需求及社會的影響？

人是非常擅長適應的生物。儘管很多人的願望是搬出租賃組屋，不過大部分還是將就地住在裡面，並設法營造家的感覺。對於經歷過無家可歸的人，擁有可以隨心所欲睡覺、煮飯、覺得安全的地方，就算是有進展了。

有些人聽到我的研究會說：至少他們不用流落街頭。此話的確沒錯，也絕非不重要。儘管如此，這種居住環境並非一般現代新加坡人的生活。住在租賃組屋的低收入者有重要的需求未能獲得滿足。要了解這點，我們必須從當代新加坡的社會環境來檢視這些房子。

整體而言，受訪者居住的租賃組屋及建屋發展局一般的租賃組屋周圍都是自有住宅。自有住宅的坪數較大，所以不會顯得那麼密集。自有住宅和租賃組屋的公共區域，例如走廊和底層，[7]尤其比較老舊的社區，差異十分顯著，前者較為清潔、明亮、寬敞。租賃組屋的居民每一天都能看到，他們的住家和一般大樓不太一樣。

---

[6] 正如社會學家表示的，天然災害和自然環境惡化並非機會平等的現象，例如參見Somers（2008）與Klinenberg（2015）。

[7] 譯注：void decks，新加坡組屋一樓的開放公共空間，通常作為居民的多功能活動場地。

當地報紙刊登的（私人）大樓廣告。（張優遠攝，2015年。）

生活在當代新加坡，我們被消費主義包圍，隨處可見大型購物中心、廣告和攜帶名牌商品的人：從背包到運動鞋、從皮包到手機。搭乘捷運通勤時，我們會發現很多車站都連接購物中心。一位單親媽媽告訴我，很怕經過她家附近的購物中心，那間購物中心正好和離她家最近的捷運站相連，因為六歲的女兒會要求她「買這個，買那個」。在手頭拮据的情況下，置身於這種消費主義環境中，彷彿不斷提醒她無法滿足孩子的願望。

許多受訪者從事服務業，例如居家清潔、在加油站工作，或是旅館、購物中心、大樓的清潔工，不然就是負責送餐、搬家或擔任收銀員。他們每天和比自己有錢的人接觸。在這些環境下，收入較高的人對低收入者經常視而不見，但是對於服務別人的人來說，低收入者顯然不可能無視對方。低收入家庭的孩子有時得跟著無法請人帶小孩的父母一起工作；我遇過一對母女，媽媽有時會帶小女兒一起打掃房屋，媽媽告訴我，她們去監獄探視女兒的父親時，小女兒會向父親描述大樓裡的游泳池。無論是成年人或孩子，都清楚感受到自己擁有的東西比別人少、感覺自己不如人。

社會規範具有強大的影響力。我們往往認為自己獨立思考，也能決定要做什麼、然後就去做。事實上，正如我在早期和最近研究中發現的，我們對於未來的可能性、欲望、自我的概念，都深受環境影響。在新加坡，很多人相信生活要依循單一的「正常」路徑：念書、取得文憑、找到好工作、存公積金、認識結婚對象、排隊申請購買組屋、每月把一部分薪水轉到公積金帳戶支付房貸、登記結婚、舉行婚禮、搬進組屋、生育兩到三個孩子、照顧年邁的雙親。這些規範之所以出現，是來自於新加坡人在政策法規之間的穿梭，以及政府機關與人民的各種互動。多年來，這樣的互動不斷重複，使我們開始相信並接受這個過程和路徑是「正常的」做法。正如中產階級新加坡人告訴我的，這就是「正常的新加坡模式」。[8]

按照這個版本：就學、就業、成家、組織特定的家庭類型，就算是正常生活，而低收入者則被視為例外，他們在申請組屋、公共援助，以及在與社工互動時，都經常被提醒自己是異類。

建屋發展局無意驅逐任何人。租到組屋並不容易，但是一旦入住，事實上就不太可能被趕走，不過我竟然是最近才得知此事。在我拜訪租賃組屋的三年中，我**從居民**那裡得到的感覺是，他們認為自己的住房狀況很不穩定、缺乏保障。他們會說那裡不是真正的家，擔心自己拖欠租金；他們提到希望購買自己的組屋，這樣一旦發生任何不測，孩子才不會無家可歸。他們還告訴我，看過鄰居被鎖在門外、物品被清空。有些人給我看他們拖欠幾個月房租後收到的信件，看起來就像驅逐通知。我向建屋發展局的人提及住戶的不安全感時，他們真的非常驚訝。從他們的角度來看，他們無意讓任何人流落街頭。如果建屋發展局無意驅逐，租賃組屋的居民為何會有這麼大的不安全感？

答案要從大環境來看，第一是無家可歸的經驗；第二是規則、流程、續約的經驗；第三則是整體社會對於自有房產的信念。

我們為何感受到我們的感受，並相信我們所相信的？世人的經驗及我們在周圍看到的一切，形成我們的感受和信念。

對我的受訪者來說，流落街頭並非遙不可及的抽象概念。[9]許多人經歷過某種形式的無家可歸：有些人住在公園的帳篷或車子裡；有些得借住親戚家；有些人為了不造成別人困擾，必須在不同親戚家間搬來搬去；許多人收留因為家庭、工作或健康因素，必須到處搬遷的家庭成員。一位女性向我描述終於住進自己的租賃組屋後，鬆了多大一口氣，她有很多年一直睡在父母住所的客廳。由於父母與另一個家庭合住，她必須趁其他人不在時睡覺，才不用擔心自己睡相不佳。假使一個人經歷過不斷搬遷、沒有固定住所的生活，就算住進租賃組屋，不安全感可能依然伴隨著他們。根據這樣的生活經歷，有安全感才是不理智的。

儘管建屋發展局無意讓任何人流落街頭，但是整體程序給人的感覺並非如此。房客必須定期更新租約，[10]要提交各式文件，尤其是關於收入的證明，一旦收入增加，租金也

---

❽ Teo（2011）。

❾ 根據最近的街頭調查，一群社工和義工光是一個晚上，在二十五處，就發現一百八十人睡在街上。參見Neo與Ng（2017）；Paulo與Goh（2017）；Kok（2017）。新加坡的遊民問題可能不像其他城市那麼嚴重，不過依然存在，許多租賃組屋的房客在這方面都有第一手的知識或經驗。

❿ 根據「公共出租住宅計畫」（Public Rental Scheme），租約必須每兩年續簽一次。如果所有房客都年滿六十歲，則是每三年續簽一次。根據建屋發展局的「臨時租屋計畫」（Interim Rental Housing Scheme），從二〇〇九年至二〇一一年，租約是每半年續簽一次，從二〇一一年開始則是每年續簽一次。

這是哪一座城市？（張優遠攝，2016年。）

會隨之增加。接受我訪談的幾個人都抱怨這件事：他們努力工作，設法提升收入，卻馬上因為租金調漲而消失。頻繁的更新手續讓他們覺得缺乏保障、無法掌控自己的住房狀況。一旦租金逾期未付，很多人或多或少都有這樣的經歷，收到的催繳通知更加劇他們的焦慮和不安全感。

新加坡的住房自有率相當高，代表人們普遍相信只有擁有房產，才能帶來真正的安全感。這個觀念也許不全然正確，不過大家都這麼認為。住房制度和房地產市場確實仰賴這樣的信念。儘管我遇到的很多人可能永遠買不起房子，但他們也是這個社會的一分子，擁有相同的社會規範和信念。

在這座人均所得於世界名列前茅的城市，

有些人的生活條件正如同我所描述的：空間太小，父母和孩子必須睡在同一間臥室；擔心自己流落街頭；每個月到了某個時間點就開始透支；居住環境過度密集，導致垃圾和臭蟲成為揮之不去的問題；主要的娛樂是看電視；每天都有傳單或標語提醒他們住家附近有多危險；為了省錢而不開燈；得煮熱水讓孩子洗熱水澡；家裡擺滿有錢人丟棄的物品。

我們必須把上述景象放在新加坡閃亮的購物中心、豪華轎車、iPhone和路易威登（Louis Vuitton）皮包中檢視。新加坡是全球數一數二的「宜居城市」、國際學生能力評估計畫（Programme for International Student Assessment, PISA）的分數名列前茅、擁有亞洲最好的大學、住房自有率數一數二。租賃組屋的生活條件卻那麼糟，居民缺乏安全感和尊嚴，這些都是新加坡日常生活的現實。

華康德（Loïc Wacquant）描述美國和歐洲城市的低收入社區，認為「地域汙名化」（territorial stigmatization）對人們的感受和行為造成強烈的負面影響。[11] 假使一個地區被汙名化，例如由於破爛不堪、代表該區居民失敗的訊息隨處可見，以及缺乏重要資源，該區的居民就會發展出應對機制，包括相互疏遠、彼此詆毀、自掃門前雪，以及一有機

[11] Wacquant（2010）；Wacquant（2016）。

會就馬上離開該區等。如果一個區域不符合一般的城市規範，就會損害社區關係與居民對自身社會價值的感受。

在新加坡，低收入租賃組屋的負面形象不像其他國家的城市那麼極端，也不算貧民窟。我採訪的對象不會無法取得乾淨的水、電或享用便利的設施和交通。但是他們居住的空間並不舒適。重要的是，這些空間使他們處於規範之外。

我們如何入睡、在哪裡醒來、蓮蓬頭的水淋到肌膚的感受、我們的肚子有多餓或多飽、我們每天爭論的議題、走出家裡看到的景象、回家聞到的氣味。也許從遠處看，新加坡確實沒有其他城市遇到的住房問題，但是人們的生活不能只從遠處看，我們每天都生活在現實裡，每一分、每一秒都在經歷不平等。

第三章

Work-Life Balance Should Not Be Class Privilege

平衡工作與生活不該是階級特權

這篇文章要從娜娜（Nana）的故事講起。二〇一四年，我們第一次見面時，娜娜在一間女性飾品店擔任銷售員。她臉上畫了精緻的淡妝，態度溫暖、友善、開朗，這些特質讓她在銷售工作上表現出色。我們初見面時，她三十七歲，有三個小孩，分別是十二歲、十歲和七歲。她的生活非常忙碌，所以有很多次是我到她上班的地方，站在收銀臺旁，等待沒有客人的空檔和她聊天。

談話一開始，她就告訴我希望自己有辦法讓孩子上補習班。他們的學業成績落後，兩個較大的孩子數學都不及格。如同現今許多的新加坡父母，她發現家庭作業比自己念書時困難很多，所以她無法直接協助孩子的課業。不過在弄清楚費用後，她知道自己負擔不起所有小孩的補習費。她就像其他上班的父母，會在孩子下午放學回家後打電話給他們，詢問他們有沒有吃午餐、提醒他們做功課。

有一次她打電話時，我正好在旁邊，講完電話後，她告訴我很擔心孩子的成績。她和丈夫工作時，她的母親會幫他們看小孩，這點讓她感到安心，有許多訪談對象找不到這麼穩定的照顧者。不過儘管有母親協助，她還是經常認為自己沒有好好照顧每一個孩子。她最小的女兒剛進小學，對新環境不是那麼適應。由於必須上班，即使學校開放特定時段讓父母到班上陪伴孩子，娜娜也無法到學校陪她。娜娜覺得很內疚，尤其是女兒注意到一些同學的媽媽會去。

娜娜的收入對一家人來說很重要，所以她不能掉以輕心。除了三個孩子外，她還要撫養七十歲的母親。丈夫的工作這些年來不太穩定，他過去從事還不錯的藍領職業，但是一次嚴重的職業傷害導致他無法繼續工作，他失去那份工作後，他們家就每況愈下。娜娜向我描述丈夫剛失去固定工作和收入後那段黑暗的日子，好幾次熱淚盈眶。他們失去住所，從一個親戚家搬到另一個親戚家，每一次住到後來，關係都變得緊繃。

有一陣子，他們住在臨時的出租組屋。那裡的居住環境很糟，沒有鋪地磚，也沒有鐵門，❶他們必須和另一個家庭共用那間兩房式組屋。浴室地板「非常噁心」，小孩沒穿拖鞋就不肯踏入。後來他們無力支付房租，被趕出去，只能住在一輛租來的廂型車裡。他們每天晚上把車子停到濱海公園，丈夫睡在前排座椅上，她與三個孩子和母親則睡在後面。有時遇到警察盤問他們在車裡做什麼，他們得撒謊說是到那裡釣魚。

那陣子很難熬、壓力很大，她時常擔心孩子被帶走。早上上學前，她會在凌晨四點帶他們到公共廁所洗冷水澡。娜娜當時在一間時尚的女性服飾連鎖店工作，必須整潔體面地上班。一些同事知道她遇到困難，會釋出善意，給她食物讓她帶給孩子吃，不過也

❶ 大多數組屋都有鐵門和木門。鐵門讓居民多一層安全感，可以為了通風和採光而打開內層的木門，又不必擔心陌生人闖入或讓幼兒跑出去。

有人說她的閒話，討論「娜娜怎麼老是出問題」，這讓她覺得很難過。她提到和母親在那陣子經常「斷食」；孩子沒有抱怨，不過都變瘦了。

娜娜講述自己的經歷時，絲毫不會怨天尤人，反而經常強調幫助他們一家的人有多好心，包括得知他們住在廂型車，把房子租給他們住的保全、給她孩子食物的同事、讓她每隔幾天把衣服拿到家裡熨燙的母親友人。

≠

娜娜的故事並不罕見。三年來，我聽到許許多多的故事，細節雖然不相同，主題卻十分相似。這些故事不符合我們對新加坡的理解和想像，無家可歸、餓肚子、凌晨四點到公共廁所洗冷水澡，這些都不是我們想到新加坡時會出現的畫面。

然而，令人驚訝並非重點。故事聽得愈多，我愈能發現這些受訪者和我沒什麼兩樣。雖然階級不同，但是我與受訪者都置身相同的社會背景，在這個背景下，養育子女變得有點寂寞，成了小家庭份內的事。無論是他們或我，養兒育女都必須面對很大的時間壓力，工作占據我們大部分的時間和精力，❷而且我們都迫切感受到身為父母的主要責任是確保孩子在學校表現優秀，這樣的想法源於我們相信學業關乎就業，而在新加坡要過好生活，取決於能否找到收入好的工作。

正是在這些共同的需求方面，我們的情況出現差異。與低收入父母交談後，我注意到由於物質環境不同，我們的應對方式不太一樣。

≠

只要提到小孩，就不難讓陌生人打開話匣子；簡單的問題就能消除隔閡、開啟對話，例如你的孩子好不好？這次研究的一項重要發現，就是孩子是我們生活、自我認同、努力的目標和做決定的中心。父母遇到手頭拮据、生活困頓的情況，也會把孩子放在第一位。

從研究人員的身分轉換到自己的社交圈，我發現情況十分相似：父母花很多時間思考、談論、擔心自己的孩子。我離開受訪者的家中和社區，回到住所，在兩個不同的階級世界裡，父母的期望和孩子的習慣重疊，同時出現差異；在家裡照顧孩子和到外面賺錢的人交集會合，但又形成截然不同的模式：母親、祖母、鄰居、家庭幫傭、父親、年長的手足或表親、托兒所老師、社工，不同階級的人在照顧孩子和滿足尊嚴方面都有相似的需求，不過是以不同方式滿足這些需求。接下來的文章要探討如何及為何不同。

❷ 這個問題並非新加坡獨有，例如參見Clawson與Gerstel（2014）；Le Bihan、Knijn與Martin（2014）。

這就是養育子女的模樣

只要家中有六歲以下的孩子，每天的生活必然忙亂不堪。幼兒時時刻刻需要成人陪伴和監督，並且需要各式各樣照顧，從清潔到餵食、從穿衣到協助他們四處活動等。確保小孩平安健康是全天候的任務。

所以，如果受訪者有年幼的小孩，一切事物的前提不意外地，都是誰可以提供這種無微不至的照顧和監督。母親（偶爾是父親）談論得如何請人照顧孩子，或是能不能帶孩子一起去，好讓他們能夠外出工作、買菜或辦事、帶年紀較大的孩子到他們必須去的地方、參與社區活動。我在田野調查的社區附近走動，遇到我漸漸熟悉的人，這樣的前提變得更明顯：大人帶著孩子一起到鄰近的商店或郵局、較大的孩子（可能才八歲）在父母上班或外出辦事時牽著年幼弟妹的手。如果是放學時間或孩子生病、不能送到托兒所或幼稚園時，有些接案打掃的媽媽會帶著孩子一起工作。

因此，對有年幼孩子的父母來說（通常是母親），每天的生活只能以忙得不可開交來形容。然而，這些父母一天下來做了什麼並非那麼明顯。

中產階級的家庭主婦很了解這種感覺。如果有人要她們回憶一天做了哪些事，她們通常說不出所以然。花在做家事、照顧幼兒的時間都是「東弄弄、西弄弄」。有些全職工作的父母（無論男女皆然），經常大聲質疑沒有外出上班的女性整天都在做些什麼，畢竟我們也要照顧孩子、做一些家務、辦事和安排行程。我們因為不願自己身為父母，尤其是母親的面子掛不住，往往不願承認自己一天中有多少時間不在家，因此其他人（通常是其他女性）替我們做了多少事。唯有付錢請人做家事和照顧小孩的女性和**男性**，無論是僱用居家幫傭、兼職打掃、按時計費的保母，甚至是洗衣和送餐服務，都能誠實計算維護家庭和育兒的開支，我們才能更準確了解維繫日常運作和生活要花費多少時間和精力。[3]

收入有限的人無法外包家事和照顧小孩的責任，鄰居與家庭成員因此成為重要的支援系統。不過，由於他們本身往往也是低收入者，得承受許多壓力和挑戰，所以能夠提供的支援通常不那麼穩定。

收入較低也代表要花更多時間和精力執行某些任務，例如現金不足，無法一次購買太多食物，所以要上市場更多趟，或是由於曾經拖欠帳款，不能等到月底才繳費，必須

❸ 許多女權主義相關文獻都提到家務、照顧小孩，以及更廣泛的社會再生產（social reproduction）的集中和隱形現象，例如參見Razavi（2007）；Orloff（1996）；Laslett與Brenner（1989）；Kofman（2012）；Glazer（1984）；Hochschild與Machung（1989）。

定期到郵局替現金卡儲值，用來預付水電費。他們也可能得出門繳納帳單，而收入較高的人可以從網路銀行或預先設定的銀行帳戶扣款，就不用多跑這一趟。另外，還要安排時間與社工或老師見面。

我發現家中有年幼孩子的受訪者，通常承受極大壓力，他們經常手頭拮据，許多人提到希望能提升收入，但卻很難找到好工作。「好工作」的定義是工作時間能讓他們兼顧煮飯、打掃和照顧小孩；代表夠穩定、有彈性，這樣就不必費神思索誰能幫他們看顧小孩；代表潛在薪資真的能讓他們改善境遇，而不是基於機會成本考量，必須留在原地。

無法花錢請人看顧小孩的父母，很難找到可靠、穩定的照顧者。低收入家庭能夠仰賴的托育形式，主要是與政府相關的托兒所，由於有政府補貼，他們能負擔較為低廉的費用。整體而言，與十年前相比，現在這個選項比較普遍，不過仍然存在一些問題：首先，要獲得全額補貼的資格，媽媽必須有工作，這是雞生蛋、蛋生雞的問題：沒有托育服務，婦女就很難有時間找到穩定的工作；沒有穩定的工作，就無法確保孩子能進入托兒所。[4]再來是地點問題。儘管新加坡托兒所的總量超過需求的數量，但是不一定位於父母需要的地方。低收入父母很需要離住家不遠、走路就能抵達的托兒所，一方面可以節省交通成本；另一個不那麼明顯的原因（至少在中產階級眼裡），則是距離較近，才能讓其他人，例如鄰居或是較年長的孩子，在父母工作時把幼兒接回家。

重要的是，即使有托兒所，維持就業仍然不容易，因為每一天或週期性的照護缺口依舊存在。每一天的缺口出現在，托兒所的營運時間可能無法配合上班時間，把小孩送到托兒所通常不成問題，但在托兒所關門前（通常是晚上七點）接回孩子就是很大的挑戰。如果要上夜班或是週末得工作，托兒所就無法完全滿足托育需求，有些父母不得不在工作時，把幼兒留在家裡，這造成父母極大的焦慮、使他們無法全心工作。一位媽媽告訴我，她不得不辭職的原因，那是有著各式各樣托育選擇的人難以想像的：她十歲的兒子可以獨自從學校走路回家，卻打不開時常卡住的門鎖；即使勉強解決照護缺口（十歲孩子獨自在家），也可能出現另一個問題（孩子進不了家門）。

此外，也有週期性、相對而言經常發生的緊急情況。幼兒很容易生病，尤其剛進托兒所時，托兒所對生病的孩童往往有嚴格的規定，這點完全可以理解，因此父母經常會遇到必須把孩子留在家裡的時候。我的孩子剛進托兒所的第一年，大概每三週就有兩

❹ 這項規定有例外情況，社工可以替尚未就業的婦女寫信爭取，協助她們獲得補貼。這種「逐案呈報」的方式，代表很多人不知道可以這麼做，接受我採訪的大多數母親都提到托兒所補貼的就業規定。我是從社工那裡得知可以寫信爭取，不是從媽媽那裡得知。如果大部分人不知道這個方法，就不能算是選項之一。

到三天不能送去。低薪勞工在與雇主商量重新安排工作時間或請假時，通常沒有太多籌碼，他們的工作性質也幾乎不可能讓他們在家工作。不時得請假處理緊急狀況會形成壓力，也是很多人覺得自己除了辭職外別無選擇的原因。有些上司會刁難他們，不過即使老闆能夠諒解，很多人也因為自己無法成為稱職的員工，或是由於臨時請假、加重同事工作量而感到內疚。即使有托兒所，維持就業也不是那麼容易。

如果小孩念的是幼兒園，不是送到托兒所，學校固定的長假又是另一個挑戰，包括三月和九月各放假一週、六月放假四週、十一月和十二月放假六週。學校假期會嚴重干擾低收入家庭的工作時間，因為他們不像高收入家庭，可以把小孩送去參加營隊或請人照顧、填補缺口。

孩子漸漸長大，愈來愈有自理能力後，一部分壓力會隨之減輕。通常到了七歲左右，就不需要成年人密切監視，他們比較會照顧自己，例如不會跌倒受傷，也可以自己如廁、洗澡和吃飯，並或多或少有能力看管隨身物品。事實上，相較於高收入家庭的孩子，低收入家庭的小孩在這些方面的能力強上許多。然而，這個年紀的孩子也帶來全新的挑戰：相較於可以一整天待在全日制托兒所的幼兒，小學只有半天，沒有供餐或淋浴，所以孩子上小學後，父母就要處理新的照顧缺口和花費。

過去幾年，新加坡成立許多「學生託管中心」（Student Care Center）。不過仍有許多家長提到孩子很難進入原本就讀學校的託管中心，假如得參加校外機構，交通和成本都是很大的問題，例如要安排校車等。此外，學生託管中心通常設計得太像學校，有嚴格的時間表，重點放在監督孩子完成作業，孩子自由玩耍的時間有限。父母通常認為這是好事，因為希望孩子養成寫作業的習慣，不過有些孩子很抗拒。凡是照顧過小孩的人都知道，小孩抗拒，大人就頭痛了，他們可能因為同樣的事每天哭泣、發脾氣或苦苦哀求，甚至行為退化、做不到以前做得到的事。我們很難（也不該）忽視孩子的偏好和想法。在針對政策和托育協助的抽象討論裡，沒有人提出這個問題，但是我聆聽父母談論小孩時，發現他們最重視的通常是孩子快不快樂，這也是女性放棄工作的關鍵因素。無論階級高低，父母都希望找到讓孩子感到開心自在、能夠信任的照顧安排。事實上，往往一次微小的事件就可能會導致孩子不快樂，使父母懷疑照顧者或照顧機構的價值。儘管替代選項是放棄工作，可能讓低收入家庭的生活更辛苦，不過如果考慮怎麼做對孩子比較好，這通常是較佳選項。

最後，另一個很大的照顧缺口和學業成績有關。今天在新加坡，我們時常聽聞高學歷女性為了陪伴孩子度過小學離校考試（Primary School Leaving Examination, PSLE）[5]時

[5] 譯注：俗稱小六會考，是由新加坡教育部舉辦的國家統一考試，目的是評估新加坡小學六年級學生升讀中學課程的能力，並將學生分配到合適的中學。

期而辭職或留職停薪。我們都非常了解孩子在考試階段面臨的壓力，以及父母的感受。有些受訪的媽媽提到之所以辭職，是因為孩子拼寫週考不及格，或是老師時常打電話和她們討論孩子的學業問題。許多父母本身學歷不高，未必能直接協助孩子的課業，卻依然認為自己必須做些什麼。如果她們不在家，情況可能更糟，因為孩子根本不做家庭作業。她們也許無法實際協助孩子寫功課，但是可以在旁邊監督和嘮叨。

低收入者尋求公共援助時，經常被告知：「把小孩送到托兒所或學生託管中心，然後去找工作。」這樣的建議聽起來很合理，但是一旦思考其中的細節：條件不佳的工作（低薪、時間表無法掌控、高壓）；照顧缺口不時出現；孩子開心與否和照顧的品質；學校課業繁重及對考試的高度重視，就能清楚了解為何低收入家庭的女性決定不就業。他們的孩子就像高收入家庭的孩子一樣，需要可靠、能夠信賴的照顧者。他們和有錢的父母一樣望子成龍，希望孩子將潛力發揮到極致。

工作和照顧責任必須擺在一起討論，兩者缺一不可

過去幾年裡，我在受訪者家中度過許多午後時光。我去拜訪時，大門幾乎都敞開，電視也經常開著。在聊天的過程中，許多人進進出出。其他住戶經過，向我們揮手、點

頭致意；孩子到走廊找朋友玩，在走廊上騎自行車或滑板車，避開鞋子和盆栽呼嘯而過；鄰居帶食物來拜訪。他們提到朋友、親戚或鄰居幫忙接孩子回家。你會感受到這些社區存在緊密的社會連結，似乎比有錢人的社區更富人情味。他們的溫暖和慷慨令我印象深刻：即使手頭不寬裕，也會借錢給別人；雖然自己餓肚子，也會和別人分享食物；母親到學校不只接走自己的孩子，也會接鄰居的孩子。

儘管如此，照顧的缺口依然存在。為什麼？原因很簡單：人們往來的對象經常是階級背景相似的人。儘管相互依賴、慷慨助人，但是每個人都有各自的挑戰，他們有自己的孩子要照顧、有帳單得支付、有工作要做。新加坡中產階級有所謂照顧孩子的「典型」方式，也就是「女傭加上媽媽或婆婆」。[6]低收入者也會請家人看小孩，不過結果不太一樣。他們拜託祖母、阿姨、表親、姊妹、妯娌照顧小孩，但是這些人通常有自己的事要做，因此即使幫忙看顧小孩，時間一久，仍然存在某種程度的不穩定和不規律。較為富裕的家庭可以花錢彌補這些缺口，例如高收入家庭通常是由祖母和家庭幫傭一起照顧，但是低收入家庭的缺口就無法填補。

照顧缺口的問題，主要出在工作品質，說得更具體，是新加坡低薪工作的低品質。

[6] 我在之前的研究探討過這些現象。參見Teo（2011）。

身為提倡女權的學者，我相信就業可以為女性帶來諸多好處：薪水可以提升女性在家中的地位，工作與職業也能為女性帶來尊嚴、自主權和決策權。的確，許多受訪的女性告訴我，她們外出賺錢，就能自由決定為自己和孩子買什麼，這讓她們很有成就感。然而這些年來，我也看到低收入家庭的女性未必能感受到就業的好處，至少沒有多到足以超越在孩子沒有適當照顧下必須付出的成本。

這裡的主要問題是：我們在討論就業和照顧責任問題時，往往帶有階級偏見。我們的社會到目前為止，都沒有真正關注低薪工作的品質，此外，我們談論「工作與生活平衡」時，也違背現實、無視階級差異。這點很重要。沒有透過公共政策，按部就班地解決不同階級家庭的需求，導致我們無法了解和解決低收入家庭龐大的照顧缺口。

可以透過比較來檢視，例如我的工作條件就與受訪者的工作條件有極大差異。首先，我知道自己基本上是週一到週五上班，而且上下班時間正常規律，許多低薪工作者的班表則是每隔一段時間就會變動，而且工作時間不固定，例如他們可能上幾天夜班，接著是一天日班，或者這週工作幾天，下週的天數又不一樣，而且通常一週前才拿到班表。無法預測、不規律的工作時間，讓他們在照顧上很難安排，得花費大量精力**思考**如何解決孩子的照顧需求。他們時常遇到的問題是我在學校放假期間會遇到的，我要花很多心思安排孩子的行程。雖然我有許多優勢，包括工作時間有彈性（我可以晚上或週末在家工作）；另一半的工作時間有彈性，擁有能夠信任、可靠的保母（我們也負擔得起）；父母可以隨時應要求幫忙；有錢讓孩子參加營隊，但安排的過程還是耗費我大量時間和精力，主要是得和各方協調以及與相關人員討論。如果工作是輪班性質，班表可能隨時變化，在安排照顧小孩方面就必須花更多工夫，上下班時間固定的人比較沒有這方面的顧慮。

不固定的班表就如同漏水的屋頂，你堵住一個洞，另一個洞又出現。我們不該低估應付漏水花費的時間和精力，以及對人們造成的壓力。

與此相關的是「掌控」時間的概念。[7] 低收入者的工作時間不僅不規律，也很難預測，全由雇主決定。正如不同學者指出的，彈性工時主要是對雇主有彈性，不是勞工。[8] 這並非低薪工作獨有的現象，不過尤其常見。正如丹・克勞森（Dan Clawson）和娜歐蜜・格斯泰爾（Naomi Gerstel）表示，不規律與無法預測往往並存。雇主期待低薪勞工能隨時接下計畫之外的工作，他們幾乎沒有討價還價的籌碼和能力。由於無法花錢請人照顧小孩，受訪者不得不拜託鄰居幫忙、請較大的孩子代為照顧，或者讓孩子獨自在家，

[7] Clawson與Gerstel（2014）。
[8] Standing（2011）。

工作時間規律的人多半不會意識到這個問題。

我們必須討論低薪就業者的工作條件，才得以了解只能找到不規律工作的人，有多難「平衡」工作和生活。

我們要了解正式權利和實體權利（substantive rights）[9]有多重要，低薪工作在這兩方面都不及格。

許多低薪工作是約聘性質，並非正職職缺，代表勞工的休假有限，甚至完全不能休假，而且是按照工作時數計算報酬。即使是正職工作，帶薪休假或醫療保健等福利往往是依據薪資標準提供，低薪勞工因此無法享有太多福利。

除了這些正式權力的差異外，在**實體**權利方面也有顯著差別。我在工作場合受到尊重，從來不用懷疑自己是否有權力請假處理私事；我相信同事能夠理解，也不用擔心請幾天假會被扣薪、遭到責備或其他懲罰。相信自己不會受責難的態度，會影響我的做法和處理個人需求的能力。正如同荷蘭一項研究顯示，體諒的雇主和同事，決定了對於合理和預期做法的標準。[10]

低薪勞工遇到必須處理家事的情況，往往無法享有類似條件，即使有正式權利，他們通常沒有實體權利。低薪工作的真實狀況是，工作者認為自己缺乏保障、無能為力，即使家人有需要，他們也不敢請假，擔心主管不高興。根據經驗，他們要努力避免被老闖責罵或失去必要的工作。在與低收入者交談時，我可以明顯感受到對於請假的恐懼和焦慮。過去與上司、雇主交手的經驗，告訴他們**應該**擔心、**應該**焦慮，例如一名女性告訴我，她錄下孩子生病住院的影片，因為覺得自己需要這段影片作為證據，才能請幾週的假。我回想起孩子數度生病時，毫不猶豫地請假，其中的荒謬顯而易見，必須證明自己沒有撒謊，已經完全超乎我的想像。

一般人對低收入者主要抱持兩種偏見：第一，他們有不同的「價值觀」和「心態」，尤其在工作態度和養育子女方面。很多人認為，低收入者傾向做出「錯誤的決定」，導致他們無法脫離貧困狀態，尤其涉及教養小孩時；[11]其次，他們寧可不工作，只想仰賴政府援助。許多人有這樣的想法，是因為公共政策將避免「依賴」視為首要之務。[12]這兩種偏見事實上都不準確，甚至造成很大的傷害。

孩子與照顧孩子是許多受訪者生活的重心，他們所有做法和決定，包括工作、休

[9] 譯注：為法治社會裡人們擁有的基本人權，如工作權、提供最低限度的福利和教育等。
[10] Knijn與Da Roit（2014）。
[11] 例如參見Toh（2016）。我針對這篇文章寫過一篇評論，參見Teo（2016a）。
[12] Teo（2013）。

間、支出，都是關於怎麼樣對孩子最好。天底下沒有完美的父母，無論階級高低，任何階級都有各式各樣的親子關係。但是這些年來，我發現低收入父母犧牲自己舒適和享受的程度，遠遠超出較為富裕的父母付出的程度。聊到日常生活時，很多人透露睡眠時間很少、花很多時間做事（無論是上班、照顧孩子還是做家事）；他們提到放棄自己的需求（例如過年過節買新衣，甚至是吃飯），把孩子的需求放在第一位，而且語氣絲毫不帶埋怨。看到他們皺著眉頭、無助地聳肩，偶爾聽到放棄、陷入絕望的故事，可以感受到這些犧牲對他們的身心健康造成多大傷害。

與收入較高的父母相比，低收入父母未必做出更多「錯誤的決定」，只是他們的做法較常導致負面結果。準確地說，他們在管理金錢和托育需求方面的選項沒那麼好，主要就是因為惡劣的就業條件，另一個原因則是托育需求缺乏持續、無條件的公共支援。因此，我們應該重新檢視自己的偏見。

平衡工作與生活不該是階級特權

二〇一二年，安．瑪麗．史勞特（Anne-Marie Slaughter）在《大西洋月刊》（*The Atlantic*）發表〈為什麼女人仍然無法擁有一切〉（Why Women Still Can't Have It All）一文，引發激烈的辯論。[13] 史勞特觸動敏感的神經，指出女性在工作和家庭遇到的種種狀況，使得她們無法「擁有一切」，此處的「一切」代表婚姻、子女和成功的事業。為了改變這個情況，她建議增加女性政府官員的比例，以及制定性別平等政策。她認為工作場所的政策必須改變，才能真正滿足工作和家庭需求。

儘管文章的對象是北美讀者，不過史勞特的文章在新加坡也受到廣泛關注和討論。事實上，二〇一四年五月，在新加坡管理大學的禮堂裡，滿座學者、公務員和企業領導人熱情地歡迎她。我知道，因為我也參加那場盛會，很期待聽到她的演說。史勞特的論點和提議的解決方案得到熱烈支持，她表示要平衡工作與生活，公司必須容許有彈性的工作時間和職涯規畫。

文章發表並廣為流傳後，崔西・麥克米蘭・卡敦（Tressie McMillan Cottom）提出頗具說服力的相反觀點，[14]她指出史勞特的文章有問題，不過不是因為論點有誤，而是由於那僅代表一小部分女性的經驗。具體來說，將關注的重心放在企業和職業上，掩蓋了既不具備種族優勢，也沒有階級特權女性的現實生活。卡敦也認為，史勞特對於解決方案太快下定論，也就是認為掌握權力的（白人、上層階級）女性將是這些問題的解決方案，

[13] Slaughter（2012）。
[14] Cottom（2012）。

並能對相形之下較不具權力的女性形成涓滴效應（trickle-down effect）。

南希・弗雷澤（Nancy Fraser）則是從更廣泛的角度，批評將個人選擇、自主權和職涯發展特權化的趨勢，[15]她認為這種做法摒棄早期女權運動的目標，也就是實現社會正義、團結和參與式民主（participatory democracy）。如果僅關注**個別**女性可以做什麼改善自身狀況，從這種角度思考提升女性地位的方式，就不會去批判新自由資本主義的不民主和剝削傾向，最後使得這些現象變得合理。

卡敦和弗雷澤都提醒我們，根據特定的框架檢視問題，對話通常只會停留在框架內。

史勞特在新加坡受到享有特權的觀眾熱情接待也不足為奇。她的論述大部分都符合平衡工作和生活的現有論述：企業可以做得更多、男性必須採取行動。這些論點並非不重要，但是這個框架暗示人人都有事業（相對於工作），而且每個家庭都是雙親、雙薪家庭。值得讚揚的是，史勞特在文章受到各方批評後，寫了一本書，直接承認女性**之間**也存在不平等。[16]儘管如此，把上中階級的經歷當成所有人經歷的趨勢至今依然存在。

這些偏向中產階級的問題本身並沒有錯，都是真實的生活和狀況。的確，在中高收入的異性戀家庭，女性承擔的育兒和家庭責任遠遠超越丈夫；工作場所的政策與男性的作為也確實尚未看到明顯轉變，沒有著手糾正這方面的失衡。此外，如果進一步檢視，中等收入家庭與高收入家庭的挑戰也截然不同。在平衡工作與生活方面，我們應該關注不同家庭面臨的**各種**問題。

不過，我要指出的是，在關於平衡工作與生活的討論中，這種以偏概全、一視同仁的趨勢仍然普遍存在。歷史經驗證明，用外籍移工填補家務和托育需求，會導致家務勞動進一步貶值、遭受忽視。一九八〇年代以來，新加坡對於托育需求的主要解決方案一直是僱用外籍幫傭。這項公共政策一開始的概念是，這樣一來，新加坡女性，尤其是受過高等教育的專業女性就能上班，把小孩留給家庭幫傭照顧。過去數十年內，家庭幫傭的數量從一九八八年的四萬人增加到二〇一六年的二十三萬九千八百人。隨著人口日益老化，公共政策也支持這種看護長者的形式。

公共對話蘊含的強烈假設是我們有「幫傭」，這限制人們（尤其是具有影響力的人）對於「平衡」議題的思考模式。很少人討論在工作條件不佳、無法僱用他人照顧小孩的情況下，平衡工作與生活有多複雜、要花費多少心力。

我們不能忘記，在新加坡關於女性身為母親的價值，一直存在階級差異和優生學思

⑮ Fraser（2013）。
⑯ Slaughter（2015）。

想的醜陋歷史。數十年以來，無論是在全國討論或公共政策中，與教育程度較低的女性相比，高學歷女性都被視為更有價值的母親。[17]這基本上是我們沒有說出口，卻廣泛接受並形成制度的階級偏見：窮人家的女性生太多小孩，有錢人卻生得太少，這樣的偏見導致我們無法處理自己的盲點。為了克服這個歷史包袱，我們必須正視這件事。

≠

二〇一六年年初，我再次見到娜娜。在二〇一四年聊天時，我得知她懷了第四個孩子，現在孩子已經出生，她又回去上班。她仍然擔心孩子的成績，依然無法負擔補習費，還是為了工作和照顧孩子，蠟燭兩頭燒，不過她也滿懷感激，因為他們現在有了比較穩定的住所，而且沒有負債。四處搬家這麼多年後，她和丈夫終於買了一間組屋。生活仍然存在許多挑戰，但是她對於孩子可以規律上學感到欣慰。她問起我的研究進展，我提到最近發表的一篇評論。她說她想看，所以我在當天稍晚把文章傳給她。那篇文章在探討低收入父母面臨的一些挑戰、他們有多關心孩子，以及他們並非**做出**錯誤的決定，而是選項不佳。讀完之後，娜娜傳了一則簡訊給我，說她盼望這篇文章能夠「鼓勵」遇到困境的人，希望他們「堅持下去，繼續活出最好的自己」。

娜娜**的確**活出最好的自己，和家人一起克服住房危機。我遇到的許多其他父母也都是盡力而為：確保餐桌上有食物、設法滿足孩子的需求、拼湊出照顧孩子的方案。在不容易慷慨，甚至對別人大方代表自己必須犧牲時，他們依然慷慨助人。

盡力而為很少大幅改善他們的生活。我從娜娜的簡訊裡，看到我一再看到的精神：「堅持下去」、「繼續」、堅持不懈、設法找出內心的力量。我覺得娜娜真的很棒，她堅強、有毅力、足智多謀、充滿愛心、無私。就像我見過的許多母親一樣，娜娜在我眼裡是一名女超人。但是成為「超人」必須付出高昂的代價，而且通常無法挽救大局。

娜娜的故事是很多人希望我講述的故事：歷經千辛萬苦，卻依然堅持不懈，最後克服困難。但是她的故事並未就此結束，她還是很難平衡工作和照顧孩子；隨著孩子成長為青少年、她的母親漸漸老去，甚至可能更難平衡；她會持續覺得自己為孩子盡了全力，但是仍然不夠；她依然會陷入必須工作和想要陪伴孩子的兩難。他們一家人雖然很不尋常地排除萬難，改善生活，購買自己的組屋，處境卻依然岌岌可危：疾病、意外、與上司發生誤會、考試不及格、青少年叛逆，各式各樣的狀況都可能讓他們再次陷入危機，因為他們沒有緩衝的空間，能夠熬過這些生活中常見的風險。娜娜擺脫危機，不是**因為**就業條件和社會政策出現變化，讓她更能履行各種職責，而是**儘管**情況不利，她還

⑰ Teo（2016b）、Teo（2014）。

是克服萬難。娜娜的故事值得稱許，但是絕非體制的勝利。

照顧的權力

我在二〇一六年發表一篇名為〈並非所有人都有「女傭」〉（Not everyone has "maids"）的文章，文中提出的論點與此處的觀點十分相似。針對這個標題，我必須指出，解決工作與生活平衡難題的方法，絕對**不是**每個人都僱用家庭幫傭。付錢請人做家事和照顧孩子的方法應該不會消失，我們的社會也確實必須改善對於這種勞動的認可、尊重及獎勵，但是我指出不同階級以不同方式照顧孩子的目的，是敦促政府改善各種條件，**讓所有人都能好好照顧孩子**，而不是讓大家都有辦法花錢請人做這些事。

當我還是個女孩時，第一次接觸提升女權的觀念，當時的重心是放在不限制自己的事業，並確保自己不會受到家事束縛。我們有幸能做一些選擇，卻又沒那麼幸運，生活在性別平等的世界，只能放棄一部分想要的事物，接受自己無法「擁有一切」的事實。許多女性為了兼顧事業、婚姻、子女，放棄自己的夢想和理想。[18]我以事業為重的道路，不該被解讀為拒絕做家事和照顧孩子。這些年來，隨著對女權主義思想愈來愈了解、認識更多比我年長的女性，以及由於階級差異而過著不同生活的女性，加上年齡增長，有了更多生活歷練，我漸漸發現生活**不該**局限於單一、平面的目標或是一小部分活動。無論性別、階級，我們都應該把自己的工作做好，**同時**學會換尿布、做飯、和孩子聊天、洗衣服、幫助鄰居與朋友、買菜、支付帳單、玩樂，而且每天都要留下時間學習如何愛人和被愛。放棄平凡瑣事，後果就得自己承擔。

低收入父母並**沒有**表示希望把家事交給別人，而是會說家庭最重要，無論有什麼其他任務，包括工作在內，都必須讓他們先照顧好家人的需求。娜娜沒有希望別人代替她去孩子的學校，**她**希望自己前往。

透過日常瑣事與人際關係，我們讓生活有了意義。這些都可能是美好的片刻，讓我們展現人性。許多享有階級特權的男女不願意做家事，因為我們看到也深知這是權力較小的領域，這樣的傾向導致我們放棄太多事物，我們必須重新拾回。在過程中，我們也要致力於擴展**每一個人**的空間，讓所有人都能滿足需求：做出真正的選擇、處理平凡瑣事、享受生活、發揮人性。要做到這點，我們需要跨階級的合理就業條件和社會政策，而且這些政策不該偏向任何階級，而是能真正支持所有的家庭。

沒有人必須擁有超能力，才能成為人。

[18] 一些學者致力於研究「私人領域」／家務方面的性別不平等，如何影響男性和女性在某些專業領域的發展（包括學術界），例如參見Baker（2012）。

第四章

I Want My Children Better Than Me

我希望孩子比我更好

二〇〇三年到二〇〇四年，我就讀研究所時，為了論文做研究，認識一些開始過成年人生活的年輕人。從他們那裡，我了解「新加坡模式」的生活。許多受訪者只比我年長幾歲，他們已經完成學業，工作大約一、兩年，在中央公積金帳戶存錢，結識走在類似軌道上的另一半。他們申請建屋發展局的組屋、拿到鑰匙、註冊結婚，然後按照「習俗」舉辦婚禮。這些都完成後，他們就可以「生兒育女」。[1]

我問他們：生孩子前要考慮哪些因素？他們又列出一系列先決條件，也就是「財務上的準備」，以滿足基本的物質需求，像是尿布和奶粉，他們笑著告訴我，這些東西「非常貴」，接著又認真地說，**他們**小時候沒有的東西，現在卻成為必需品，例如補習班、才藝班，以及鋼琴和芭蕾舞這類嗜好。[2]與這些受訪者交談時，我感覺到生兒育女前必須謹慎規劃，並確保自己有足夠的儲蓄。

聽他們描述這些所謂新加坡的「正常」生活時，我二十八歲。有些受訪者還開玩笑，叫我加緊腳步，不要太晚定下來。我不是大笑出聲，就是禮貌地微笑，其實暗地裡覺得一切離我還很遙遠，念研究所代表我可以先擱置一些他們認為自然而然該做的事，我當時未能完全理解他們為何如此認真看待生兒育女前的準備。

快轉十年，來到二〇一三年，我坐在M太太家的客廳地板上，她告訴我三個小孩的誕生過程，幽默地描述每一個孩子出生的故事。八歲、十歲和十二歲的小孩是她生活的重心，她最常和女兒一起討論對未來的想像。女兒的學業成績不錯，比哥哥和弟弟都好。她問媽媽讀完中學和工藝教育學院（Institute of Technical Education, ITE）❸之後是念什麼學校，兩人都不知道答案，但無論是什麼，那就是她想去的地方。M太太在狹小的組屋裡，回憶她們討論女兒長大後要買房、買車的對話；媽媽可以和她同住，幫她照顧小孩。

M太太的童年過得很辛苦。父親在她六歲時去世，茫然不知所措的母親要她上街行乞。最後母親失去監護權，她被送到育幼院，在那裡一直住到十八歲。她在二十一歲結婚，丈夫出軌，懷第二個孩子時逃離丈夫的身邊。後來遇到現任丈夫，嫁給他，又生了一個孩子。M太太希望孩子的學業成績優異，丈夫也對他們寄予厚望。他和她一樣，童年過得不太順遂。「我希望他們比我更好。」他告訴我，似乎在解釋自己為何對孩子那麼嚴格。

---

❶我在Teo（2011）中詳細說明這些回應。

❷此外，他們也必須考慮托育安排，雖然這方面很少人明確提到要花多少錢，但是可能的人選包括祖母、幫傭和放棄就業的母親，這些選項中的每一項都會產生財務成本。

❸譯注：新加坡的公立職業教育機構，為中學畢業生和在職人員提供就業培訓。學院提供涵蓋工程、會計、企業管理、護理、醫藥、建築和法律等領域的專業課程，近似於臺灣的高職。

M太太和丈夫的生活，沒有按照十年前的受訪者向我描述的步驟與順序，他們對孩子的期望很高，但是沒有把未來想像成河裡一個接著一個的墊腳石。

此時我已經結婚，生了一個小孩。我在早年那些受訪者身上看到自己，不是指我規劃得多詳盡，而是整體的順序，以及生一個孩子是一件大事的感覺。我發現低收入社區的受訪者抱持相對輕鬆的態度。生養小孩對他們來說並不容易，而且是困難重重，但是他們對生活的看法與我十年前採訪的對象，以及我自己身邊的人很不一樣，在他們的心目中，結婚生子不用縝密規劃，也不是人生的五個步驟之一：求學、工作、購置組屋、結婚、生子。與低收入父母交談，迫使我重新檢視自己生活圈的人對於計畫和控制的強烈需求，從他們生小孩的故事裡，我不會聽到那麼多焦慮，而是驚喜和接納。他們把孩子視為禮物，或者有信仰的人會說是福報。低收入者不認為為了生小孩必須具備各式各樣的（財務）條件。[4]

他們養育孩子也抱持相對輕鬆的態度。正如美國社會學家安妮特．拉羅（Annette Lareau）所表示，對社會階層較高的父母來說，孩子是「專案計畫」，[5]生活裡排滿緊湊的行程和活動；高收入父母花費大量時間和精力，思考如何協助孩子發揮「潛能」。拉羅認為，藍領階級和窮人一般覺得育兒是關於「自然成長的成就」，這些家庭最重視安全與健康，而且通常認為小孩就應該是小孩，意思是孩子要有時間和空間玩耍、做自己想做的事。一部分是因為低收入父母成年後經常過得比較辛苦，所以希望孩子不要從小就得面對緊湊的行程或是過度勞累。無論如何，財務的限制也讓他們無法以「專案計畫」的方式養育小孩。

拉羅的研究發現有助於理解我的新加坡受訪者。在提到生小孩代表什麼及如何執行時，不同階級形成鮮明對比。雖然所有階級的父母都說教育很重要，並且希望孩子在校表現良好，日常的實際作為卻不盡相同。

我逐漸發現，第一個故事，所謂所有新加坡人都**該**做的事，並非每一個人的故事，也不是唯一的生活方式。

又過了兩年，此時我已經坐過不少租賃組屋的地板。某天下午，我遇到來自印尼的蘇亞提（Suyati），自從嫁給新加坡籍的丈夫之後，她就持長期探訪准證（Long-Term Social Visit Pass, LTVP）住在新加坡。其中很多年，她的丈夫都在坐牢，蘇亞提靠著居家清潔的工作勉強維持生計。女兒阿妮（Ani）如果生病或學校放假，沒有上學，蘇亞提就

---

❹ 如果要達到中產階級受訪者提到的先決條件後才生小孩，他們很可能永遠不會生。愛丁（Edin）和卡菲拉斯（Kefalas）認為，許多低收入的女性視懷孕生子為優先要務，因為這會替她們帶來成就感並提升自我價值。在她們所處的環境下，很難從其他事物得到相同的成就感。參見Edin與Kefalas（2011）。

❺ Lareau（2011）。

會帶她一起去打掃的私人住宅。每次到監獄探望丈夫時，女兒都會喋喋不休地向父親描述私人大樓的游泳池。其實按照規定，持有長期探訪准證不能工作，[6]蘇亞提到處打零工，賺到的錢只能勉強度日。

蘇亞提的女兒和我的女兒一樣大，當時都六歲，我們聊到她們隔年要進小學。蘇亞提非常擔心錯過註冊的截止期限，她的英文沒那麼好，也不知道如何用網路註冊，不確定阿妮進入住家附近的學校有多容易或多困難。幾個月後，到了幫女兒註冊時，我打電話給她，確保她也有幫阿妮註冊。我希望減輕她的焦慮，但是從朋友那裡得知這個程序的確沒那麼簡單，即使是英文程度沒問題、能夠取得資訊的父母，也時常擔心小孩進不了預期的學校。

城市的這一頭，事情進展順利。我很快加入女兒小學的WhatsApp家長群組，同時不經意地踏進密集養育的世界。開學後一週，第一次開家長會，一位爸爸舉手問老師：「孩子整體而言的標準」為何，同樣身為老師，面對這種無法回答的問題卻不得不回應，我實在很同情。在家長強烈關注的氣氛下，她表示希望父母每天協助孩子完成學校交代的任務。那一年裡，聊天群組的確不時傳出訊息，父母（主要是媽媽）詢問彼此孩子隔天上學要帶什麼、哪一天是英文拼字週考、能不能傳一下拼字表，因為小孩找不到自己的。第一次英文拼寫測驗在開學後第二週進行，測驗內容包括「蝴蝶」（butterfly）

和「毛毛蟲」（caterpillar）。在不久後召開的第二次家長會上，老師提醒家長協助孩子了解特定主題，因為「有些同學在這方面較為不足」。

孩子進入各自的學校後，我再次拜訪蘇亞提。剛進小學一年級幾個月，活潑、好奇、聰明的阿妮落後了。她由於不會讀寫，被標注為弱勢學生，必須在每天早晨上學前接受額外輔導。我替阿妮帶了幾本女兒用過的初學者讀本；我的女兒已經用不上，她開始看《哈利波特》（*Harry Potter*）了。

這是第三個時刻，我看到不同階級的生活如何緊密交織。我們生活在同一個國家、站在人生道路的同一階段，得到的經驗卻截然不同；我們面對相同的機構，採取行動的能力卻不一樣。我開始思考自己能夠規劃人生，與M太太和蘇亞提無法規劃生活的關聯；我七歲的孩子閱讀《哈利波特》，又如何連結到蘇亞提被標記為「弱勢」的七歲孩子？

研究的第三個經驗迫使我發現，我不能只說世上有**不同的**生活和教養方式。如果只有某種途徑受到認可和獎勵，光是提倡「擁抱差異」就沒有任何意義，我們必須分析、

❻ 除非她找到願意向人力部（Ministry of Manpower）申請同意書的雇主，並獲得批准。這種權衡性質的政策（也就是「逐案考量」），必然有符合資格的人不知道這個選項。此外，人力部做決策時考量哪些因素，我們也不得而知，例如在它們的網站上，其中一項規定是：「不得從事可能引起非議的職業，**例如**舞女。」（人力部〔2018〕；粗體是我另加）。

檢視階級差異如何轉化為**不平等**。

世界一流的教育制度

新加坡教育制度的部分層面在國際上備受讚譽，我們重視公共教育，並投注大量資源；教師接受嚴格、持續的訓練；教書是報酬豐厚、受尊敬的職業；我們高度著重學科表現（遵循全球能力標準）以及基礎學科領域（數學和科學）；[7]雙語教育在一定程度上考量不同群體的需求，包括少數族裔在內；主要的教學語言是英語，但是學生也可以選修第二語言，通常連結到個人的族裔；我們看到對於不同學習風格和能力的關注，也有各種針對這些差異的計畫和人力資源；經濟援助措施提供低收入家庭的孩子物質資源，以及參與課外活動的機會。

但是另一方面，仍然存在明顯的差異和不平等。

鄧宗宜（Zongyi Deng）和戈皮納坦（S. Gopinathan）研究新加坡教育制度歷年來的主要發展，發現族裔和社會經濟地位影響兒童學業成績的初期跡象多半受到忽略，兩者造成的差異基本上被視為（天生）能力差異。一九八〇年，新加坡開始實施全國分軌制度（也就是「分流制度」），針對小學生舉辦影響深遠的考試。[8]這種高度分層的制度至今在新加坡依然存在，種族和階級間的不平等也是。王湘玲（Ong Xiang Ling）和張凱珊（Cheung Hoi Shan）最近的研究發現，根據父母的學歷、住房類型和家庭每月所得衡量，相較於「社區」學校的學生，「菁英」學校的學生不成比例地來自社經地位較高的家庭；[9]另一方面，分流程度較低的學生（「普遍〔工藝〕源流」），少數族裔和低收入家庭的孩子則不成比例地高。[10]教育分流旨在滿足不同的學習需求，結果卻導致學生接觸不同的學習機會。正如同何立卿（Li-Ching Ho）發現的，這包括公民教育，[11]不同分流程度的學生在公民參與和民主權利方面接收到不平等的觀念：把分流程度較高的學生培養為公務員，程度較低的學生則被訓練成聽話的公民。[12]

這些研究證實人們廣為接受的看法：有些學校「較好」、有些「較差」，更糟的是，有些學生高人一等、有些則不如人。[13]

---

[7] 根據聯繫新加坡（Contact Singapore）表示：「在世界經濟論壇《二〇一五年至二〇一六年全球競爭力報告》（World Economic Forum´s Global Competitiveness Report 2015-2016）中，新加坡在一百四十個國家的數學和科學領域均名列第一。」https://www.contactsingapore.sg/en/professionals/why-singapore/living/education。

[8] Deng與Gopinathan（2016）。

[9] Ong與Cheung（2016）。

[10] Wang、Teng與Tan（2014）。

[11] Ho（2012）。

[12] Ho、Sim與Alviar-Martin（2011）。

學校和我們所謂的唯才是用制度是否達到它們聲稱的目的？教育制度是否提供平等的機會？教育是否為低收入者提供向上移動的途徑？學校是否體現平等與正義？又如何破壞平等與正義？

討論教育制度不平等的問題時，人們多半把心力集中在「表現不佳」的學生，以及如何協助他們「提升程度」，而低收入家庭的孩子通常是受到幫助的對象。我們看到各式各樣的計畫、人力資源和公共支出，目的都是希望提升這些孩子的程度，加上他們持續表現不佳，使得許多人認為低收入家庭的孩子缺乏學習動力或適當的學習環境。一般而言，許多新加坡人認為我們制度的基礎在於個人表現，無論家庭背景為何，每個人都有很多機會。

這些觀點本身沒有錯，問題出在不夠精確。許多人因為孩子的學業成績不佳，無意間加入責怪低收入父母的行列。其中的邏輯是，如果我們的制度是公平的，孩子的學業出問題，必然是因為父母沒有盡到責任。

分析低收入家庭的孩子為何在學校表現不佳，了解他們的家庭生活當然**有**幫助。但是我們也必須後退一步，從整個大環境檢視他們的生活，包括試著了解父母的物質條件、孩子上學的經驗，最後也是最少這麼做的，是高收入家庭為孩子做了什麼。只有將上述因素都納入考量，我們才能更完整、更準確地了解低收入家庭的孩子在目前的制度下，是如何被迫按照別人制定的規則加入賽局，所以根本沒有贏的機會。

在一試定終身的環境下養育小孩

與低收入父母交談時，教育是經常出現的話題，也是主要的焦慮來源。低收入父母（尤其是母親）告訴我，他們辭職或減少工作時數的主要原因，就是孩子的學業成績落後。他們提到孩子的拼寫週考不及格，或是老師時常打電話給他們，告知孩子在課業方面遇到的問題。

從某些角度來看，低收入父母的經驗與較高收入的父母沒什麼兩樣。我的電話不時出現孩子同學父母傳來的訊息，代表大家都很關心孩子的學業；採訪不同階級背景的父母，我發現所有家長都花很多時間和精力關注孩子的在校學習情況；報紙的讀者來函和網路時常有關於學校、家庭作業及考試的討論，透露出國民集體的深切焦慮；我們不時

⓭王湘玲和張凱珊在調查中發現，「無論學校類型為何，所有學生都認為菁英學校學生的社會地位和學習能力優於非菁英學校學生。……菁英中學學生**認為自己**的社會地位比非菁英中學學生高」（第一頁，粗體是我另加）。

聽到專業女性為了監督孩子課業而辭職或休長假；每個人都了解孩子面臨大考的壓力，以及父母的感受；許多新加坡父母抱怨小學的課業變得過度艱澀。

接受我訪談的低收入父母無法真正協助孩子寫作業，他們當中有很多人連小學都差點沒畢業。朋友（多半是大學畢業生）告訴我，到了小學三年級或四年級，他們就不太能協助孩子做作業。幾名中產階級的受訪者（來自目前進行的研究計畫）告訴我，他們必須上課，學習如何輔導孩子的課業，尤其是數學。因此，實際情況是父母很難引導孩子的學業，畢竟大多數家長都不是老師。嘮叨、吼叫、體罰、抗拒、眼淚，經常在父母協助孩子做功課的親子互動過程中出現。一名受過大學教育的母親坦率地告訴我，高壓的教育制度及她對孩子成績的焦慮，導致她與女兒相處的時光經常很不愉快，她意識到破壞親子關係的行為模式，卻無法停止。

艱澀的內容、明白考試對孩子的未來影響深遠，以及無力協助孩子的課業，都促使補教業蓬勃發展。財力雄厚的父母可以從一開始（有些從二、三歲開始）就固定（即整個學年）讓孩子補習；一般收入的父母可能放棄其他家庭需求，在重大考試前或針對孩子有困難的科目聘請家教。[14]在今天的新加坡，補教業是價值十億美元的產業，父母投注很大一部分收入在補習費用上。[15]

除了學科補習外，也有各式各樣的「才藝」課程。其中一部分是為了進一步磨練有助於學科成績的技能，其他則是作為保險，讓孩子培養其他類型的「才華」，這樣一來，即便學業成績不佳，也可能進入所謂的「好學校」或較高分流。這些課程的存在，也告訴我們另一件事：有些父母會鑽研制度如何運作、積極替孩子爭取。父母希望孩子得到最好的當然無可厚非，但要注意的是，替孩子爭取並非不分階級，而是對特定類型的父母來說比較容易，也就是自己在同樣的制度裡表現優異，並了解其中邏輯的父母。這些父母在與老師互動時，會視特殊待遇為理所當然，也有時間替孩子爭取，並且有充裕的預算購買書籍、僱請家教、減少全職工作時數。

社會學家皮耶・布赫迪厄（Pierre Bourdieu）認為，社會地位較高的父母透過與孩子說話的方式，讓孩子學習社交、與權威人物的連結，以及對藝術和音樂等事物的理解，

⓮ 二〇一二年度與二〇一三年度，不同家庭每個月花在補習費和其他相關課程費用（家教、補習班、其他課程）的支出差異十分明顯：收入在第一至第十百分位的家庭共花費二十五・一新加坡幣（臺幣五百二十九元）；第四十一至第五十百分位的家庭花費是前者的四倍（九十九・六新加坡幣，臺幣二千一百元），第九十至第一百百分位的家庭花費則是七倍（一百八十一・四新加坡幣，臺幣三千八百二十六元）。參見新加坡統計局（2013）。

⓯ Wise（2016）。

藉由耳濡目染的方式向孩子傳遞優勢，[16]他稱為「文化資本」，也就是學校獎勵卻沒有傳授的特質。[17]之所以稱為「資本」，是因為這些事物最後會轉化為正式文憑和**受認可的**地位，受到認可是因為孩子的相對優勢和劣勢，以及學校隱藏的要求並不明顯；換句話說，人們多半認為遊戲規則是公平的。透過正規教育的階梯爬到社會階層頂端的人，無論是他們自己或在他們下面的人，都認為那是基於個人的努力，因此是他們應得的。布赫迪厄認為，我們很難明確說出哪些特質會成為資本，這些特質也很難複製；**文化**資本與**經濟**資本的不同之處，正是在於轉化為社會權力的不只是金錢。在現代大都會裡，從上海到紐約、從首爾到新加坡，我們看到父母的做法符合布赫迪厄的理論：在與學校平行運作的商業中心，經濟資本每一天都毫不掩飾、不害臊地轉化為文化資本。

在檢視低收入孩童的求學經驗時，我們必須記得這些社會現實。

儘管低收入家庭的孩子在學校的表現不盡相同，不過還是可以看到類似的模式。許多孩子幾乎一進義務教育體系就馬上落後，他們的程度比不上富裕家庭的孩子，那些孩子在上小學一年級的第一天就能夠讀寫。很快地，許多孩子的英文和數學不是勉強及格，就是不及格。他們在母語方面通常表現不錯，代表只要接觸夠多，他們確實有能力學習。許多低收入家庭的孩子在小學一年級和二年級就被認定有問題，必須離開課堂，參加學習支持計畫（Learning Support Programme, LSP），或數學學習支持計畫（Learning

Support Programme for Maths, LSM）的額外輔導。輔導課程雖然有幫助，不過孩子要趕上並不容易，因為程度較好的孩子持續快速前進。到了小學三年級，許多來自低收入家庭的孩子已經被編到程度較差的班級。儘管每所學校對於小學三年級和四年級採用不同的能力編班方式，但是孩子很清楚自己和其他人的差異。到了五、六年級，許多孩子的成績實在太差，必須部分或全部科目都上所謂的「基礎班」。接受我訪談的大多數父母表示，他們的孩子仍然正常上學，但是有很多孩子顯然覺得表現不如人，並因此感到沮喪。有些孩子開始抗拒上學，如果家庭生活不那麼穩定，像是生活改變、工作時間不固定、收入不穩、夫妻吵架、孩子必須承擔諸如照顧年幼弟妹的責任等，父母就很難掌控孩子的上學時間。一旦孩子沒有固定上學，在學校的社交關係也會受影響。他們回學校後，沒有朋友、被同學嘲笑或欺負，都會導致他們更不想上學。

孩子和家長都可能遇到許多與學校無關的家庭問題，但是要了解他們的學業成績為何落後，就必須了解他們上學的經驗。這點在我與縱使面對重重困難，卻依然讓孩子每

⑯ 拉羅和沙姆斯．可汗（Shamus Khan）根據布赫迪厄的理論，分別找出並追蹤這些特質在日常生活和菁英學校裡如何形成。參見Lareau（2011）；Khan（2011）。

⑰ Bourdieu（1989）。

天去學校的父母交談時格外明顯。

剛進小學後不久，孩子就按照能力分班。這等於向他們發送強烈的訊號，告訴他們老師和學校如何看待自己，進而影響他們對自己和自身能力的看法。這些孩子的潛力並不亞於高收入家庭的孩子，但是隨著時間過去，他們愈來愈跟不上。一旦被分到較低分流，就幾乎不可能轉到程度較高的班級，部分原因是他們學到的東西遠遠少於較高分流的孩子，所以大多數受訪者的小孩光是通過小學離校考試就是不小的成就。大多數孩子進入中學後，被分到程度最低的班級，有些乾脆輟學；少數孩子從中學畢業後，進入工藝教育學院。在我三年田野調查中，僅僅少數幾個家庭的孩子進入理工學院，只有一個女孩有資格念大學。

理論上，所有教育途徑都可以讓學生在畢業後過著還算舒適的生活，事實上卻是有限的學歷，導致他們從事與父母相似的低薪工作。宣稱所有軌道都很好、所有路徑都有價值實在很虛偽。倘若真是如此，而且如果新加坡人真的相信這件事，補習班早就關門大吉了。

要求早慧，包括很早就開始分流，如何導致這樣的模式？

凡是教育界的人都知道，學生對於同儕間的比較很敏感。一位老師告訴我，後段班的學生會說「我很笨啦」或「我就是懶」。他們不願意努力，是因為不相信自己可以成功。老師必須花時間和精力，處理自尊心低落與缺乏動力引發的行為問題，這些學生較可能干擾課堂、逃學或不做家庭作業。這樣的現象不只發生在新加坡，教育學者也不是不知道這個問題，珍妮．奧克斯（Jeannis Oakes）曾進行一項關於分班的經典研究，她發現根據狹隘的學業能力標準來分班，會造成諸多負面影響，其中包括學習成績低落的學生通常認為自己不擅長學習，因此不像成績好、認為自己有學習能力的學生那麼努力。[18]換句話說，教育界人士認為低收入家庭孩子「學習動機低落」的現象，在學校環境裡複製。具體而言，把孩子貼上標籤會造成自我應驗預言（self-fulfilling prophecy），[19]進而影響孩子的學習行為。[20]

分流的教育制度的確有一些好處，包括孩子不會完全被放棄，仍然有適合他們的軌道，讓他們不至於輟學，但是同時也造成不合理的結果：這些孩子大多數智力正常，沒有學習障礙，但是他們從小就被標記為「遲緩」。我曾和專門協助學習障礙孩子的輔導

[18] Oakes（2005 [1985]）。

[19] 譯注：自我應驗預言是指人們先入為主的判斷，無論正確與否，都將或多或少影響到人們的行為，以至於這個判斷最後真的實現。

[20] 重要的是，奧克斯也指出，後段班學生學習機會較少。他們接觸的教材品質較差、數量較少，花在學習上的時間也沒有那麼長。

老師談話，得知她必須花好一陣子才能確定哪些孩子有學習障礙。因為大多數接受輔導的孩子之所以「落後」，是由於沒有夠多接觸學校教材的機會，並非因為他們無法以一般思維的方式學習；換句話說，只要有時間和機會，他們的學習能力並不輸其他孩子。缺乏機會的原因很多：接受較少學前教育、父母不會說英語（或是不會說學校要求的那種英語）、家裡閱讀機會有限、沒有補習班老師的額外輔導；換句話說，他們「落後」的主要原因，可以歸結為階級的相對劣勢。回過頭來，我們就能看到，由於才藝中心和補習班無處不在，有些孩子因為階級優勢，在這個獎勵儘早接觸和早慧的制度下受益。有能力在大門一打開就向前奔跑的孩子既不「值得嘉許」，也沒有比其他孩子當之無愧。

為什麼我說這是不合理的結果？如果我們認為學校是學習的地方，如果「機會均等」是我們教育制度的口號，而普及教育的目的是盡可能培養更多有能力的個體，讓他們成為社會上有貢獻的成員，在校外學習機會不足的孩子，應該在校內有足夠的**時間**，來拉平由於階級差異而出現的優勢和劣勢。他們不該因為在校外學習機會不足而受到懲罰。獎勵早慧，例如期待孩子剛進小學一年級就能讀寫，代表教育制度較重視分門別類，勝於培育人才。

早期分班與貼標籤對父母和孩子都影響至深。較為富裕的父母往往也比較有信心說：我的孩子不笨，只是需要更多協助。孩子如何被學校分類；學校如何告訴父母，孩子與同儕相較之下的表現，都會影響我們對孩子及他們能力高低的想法。如果我相信孩子雖然成績不佳，但本質是有能力的，我的解決方案會是尋求幫助，尤其是如果我有辦法花錢找人協助的話。相反地，如果老師一再告訴我，孩子能力不佳或缺乏動力，我就會覺得孩子像自己一樣沒那麼會念書、不太可能有好成績。如果我反正也沒錢請家教，對孩子的期望也會隨之調整。有些父母向我感嘆，他們的孩子似乎「不笨」，但是「不知道為什麼」在學校就是表現不好，他們的語氣透露出沮喪和困惑。

父母的想法和行為會影響孩子對自己與自身潛能的看法。接受訪談的許多父母都希望孩子比他們好，長大後不用過得那麼辛苦，但是在這樣的環境下，他們的孩子已經被蓋上落後、不如人、不夠聰明、能力不佳的烙印，要超越這些印象、看到孩子的才華和價值很不容易。許多低收入父母努力想這麼做，但是就像很多人努力要獨立思考一樣，很難不受別人的聲音影響。我們重視老師對孩子的評價和分析；我們根據這個社會所謂的「正常行為」來評估自己的孩子。許多低收入父母可能就此放棄，相信孩子的學業不佳、不夠好，這樣的想法會影響家人間的互動。就像之前提到的M太太一家，他們家有一個聰明的孩子，以及沒那麼聰明的手足。許多低收入家庭的孩子擅長踢足球、跳舞、烹飪，或幫忙做家事和照顧弟妹，但是遇到數學和英語就束手無策。一旦形成既定想法，父母和孩子都很難逃離這些標籤。

低收入孩子的家庭環境確實不一定有利於學習，空間狹小、家人關係時常緊繃、手頭拮据。但是有些人會說，很多新加坡成年人都經歷過類似的情況，現在都成為中產階級。許多與我同齡的人正是在這種「不利的」環境下成長。這也許可以解釋為何收入較高的新加坡人不願質疑制度的不平等，而是急著對低收入者下定論：如果我能克服困難，他們為什麼不能？我先前提過，要了解學業成績難以提升，以及低收入者的階級不平等複製現象，不能只看單一家庭的做法，而是要研究更廣泛的社會背景與教育制度的標準、環境及原則的主要發展。儘管違反直覺，但我們必須檢視不同階級父母的做法。一九八〇年代，我念小學時沒有補習，父母完全不用花時間協助我做家庭作業，同學也幾乎都是。

當前的制度獎勵或懲罰哪些特質？我們要後退很多步，檢視除了低收入家庭之外的更多家庭，才能了解究竟發生什麼事。

「我希望孩子比我更好」

在這個章節裡，我把研究生涯的三個時刻串連在一起，每個時刻都帶來新一層見解，並促使我重新思考之前的時刻。在第一個時刻，我了解什麼是「正常的」新加坡模式；在第二個時刻，我發現生活不止一種路徑，而且正常的模式並非階級平等；在第三個時刻，我看到階級不僅影響學業表現，也會影響最後的結果：大多數父母都希望孩子比自己好，但是並非所有人都能做到。更重要的是，在追尋這個理想的過程中，決定如何花錢和花時間，以及與孩子和孩子老師互動的方式，都塑造每個人必須面對的制度。

缺乏階級特權等於必須遵守別人制定的遊戲規則；階級特權之所以存在，關鍵就是在於能夠設定標準。我回想起二〇〇三年的第一個時刻，中產階級受訪者提到他們的選擇是**所有正常**新加坡人的選擇，感覺上是無法避免、必然發生的事。

美國記者妮可・漢娜―瓊斯（Nikole Hannah-Jones），撰寫了許多關於當代美國學校種族隔離和不平等問題的文章，許多現象是美國社會獨有，但是也有很多現象在其他地方同樣能看到。在二〇一七年的一次採訪中，[21]她提到一件令人感動的事：她讓女兒進入一所一般人認為沒那麼好的公立學校，即使她有能力讓女兒就讀「較好」的學校。很多人不能理解她的決定，但她認為這是道德問題，而且重要程度遠勝自己小孩的福祉。[22]如

[21] Hannah-Jones（2017）。
[22] 亦可參見Brighouse與Swift（2009）。

果把孩子送去念私立學校，就是在做許多中上階級父母在做的事：以逃避來破壞公立學校教育制度的核心價值。她表示：「重要的是要了解，我們看到的不平等、學校種族隔離的現象，既是結構上的問題，也是被個人的選擇助長。……只要每個父母繼續做出只對自己孩子有利的選擇……我們就無法看到改變。」

過去十年裡，我的很多研究和文章都是關於制度與政策，主要在探討如果希望看到較為平等的結果，我們必須如何重新思考政策背後的基本原則。我至今依然認為，如果希望看到重大改變，所有人都必須採取行動，我們必須努力改變結構，包括規則、法規、標準及政策背後的原則。但是在這次研究的過程中，我也不斷被提醒，生活是微小的細節，是每一天的決定、互動、權力行使，以及對約束和限制的反應。

我們很難做到像漢娜—瓊斯的那種程度，她說得沒錯，有能力選擇的人所做的決定，也會複製不平等。這對我們這些有辦法選擇的人來說，是非常不自在的結論：我們做的決定，即使我們以為只關於自己，事實上也和別人有關。

有權力做決定的我們，不成比例地影響結果，同時限制無法選擇的人的選項。隨之而來的是，如果我們不分享選擇的權力，那些我們認為對社會不利或不合理的事，就永遠無法改變。我們這些比較有錢的人如果將孩子和家庭的優勢擴張到極致，就是在強化成就與成敗的準則，同時傷害同胞的福祉。每個人都可以說：「我希望孩子比我更好。」但是並非每個人都可以實現這個目標，或是在實現的過程中對於標準和規範擁有同樣程度的影響力。

身為父母，我們在要求老師指派更多家庭作業、詢問班上同學的程度、無微不至地管理孩子的生活、花錢請家教、努力爭取讓孩子進入特定學校時，都必須仔細思考自己究竟在做什麼。

同樣重要，甚至更重要的是，如果不去抵制這個很多人都發現問題重重的制度，就必須捫心自問，我們容許哪些現象不停延續。如果位居社會高層的人、處於領先地位的人拒絕停下腳步，改變做事的方法，向低收入者提供援助或「提升他們」的呼聲，將繼續顯得虛偽空洞。

這仍然不是只關於個人的養育方法

上述這些話，隱藏階級利益的衝突及階級團結的可能。無論階級高低，每個人都必須遵循國家的教育政策。考試定終身與以考試為導向的教育制度，使得所有階級的父母和孩子都必須付出高昂代價。

我們應該在乎，因為我們正失去寶貴的人力資源。我們都會在有別人孩子的社會裡變老；我們能否幸福地生活，取決於他們的能力。[23] 我們在公共教育投注心力，正是因為這樣的支出能帶來回報。若想提升所有人的福祉，我們必須確保在這個社會成長的所有小孩都能好好發揮潛能。

低收入家庭的遭遇和經驗告訴我們，我們的教育制度存在深深的不平等：對於能力狹隘的定義、對於早慧的要求、對於父母參與和補教業的依賴，都危害民主的承諾與公共教育的功效。我們的社會以唯才是用制度和提供平等機會而自豪。無論從道德還是倫理的角度來看，我們都應該在乎這些承諾遭受破壞。我們應該抗拒，不要讓共同的價值觀遭到侵蝕。

實現狹隘的目標或是早慧，對任何一個孩子來說都不容易。投注的金錢和時間、對親子關係的破壞、孩子的壓力，[24]都造成深遠的影響。從長遠來看，我們必須質疑：這是為了什麼？是否值得？

---

[23] 部分經濟學家，例如南希・福爾布雷（Nancy Folbre）因此主張將兒童視為公共財，參見Folbre（1994）。

[24] 根據國際學生能力評估計畫最近的研究發現，新加坡學生對於學業成績的焦慮程度相對較高，參見Davie（2017）。

第五章

Growing Up Without Class Protections

在缺乏階級保護的環境下成長

與孩子年紀稍長的父母交談後，我得知他們擔心的事，包括孩子經常在外和朋友廝混、不確定未來要做什麼、學業成績不佳或輟學、意外懷孕、物質需求和需要無法滿足，以及由於未成年抽菸、吸毒、偷竊，使警察找上門。

很多人稱他們「邊緣青少年」或「偏差少年」，彷彿他們是從「不良社區」或「功能失調」的家庭自動出現。沒有說出口的假設是父母疏於管教，才導致孩子誤入歧途；比較寬容的會說是因為他們忙於生計，所以沒時間管教。

在我進行研究的社區，經常是父母表達對孩子的憂慮。我看到雙親憂心自己和青春期孩子的關係、擔心兒女不聽話、不回家、聽不進他們的建議，沒有以父母的生活為戒，顯然問題的根源並非只是父母疏於管教。聽到父母表達對子女的擔憂和焦慮、觀察在低收入社區裡閒晃的孩子，以及與輔導青少年的社工交談後，我發現我們沒有充分了解孩子複雜的照顧需求（以及其中的落差）。我們總是說家庭是新加坡社會的中心，卻很少用心關注家庭日常生活的樣貌。

我們經常把「兒童」和「孩子」劃歸在一個大類別裡。制定公共政策時，往往只考慮幼兒的照護需求，例如隨時監督或生活方面的協助。從這個角度看待照護問題，就沒有顧及孩子複雜的需求和父母（尤其是低收入人士）面臨的挑戰，導致我們忽略較大的孩子也需要父母照顧。只要認真思考青少年的需求，就會發現低收入家庭的父母更不容易維持權威、這些家庭的孩子也缺乏較高收入家庭孩子具有的一些保護。

影響力和權威：與階級的關聯

孩子漸漸成長，任何父母要維持一定的影響力和權威都不容易，因為有別於年幼的小孩，他們的日常生活比較獨立，也更了解家庭以外的世界。正是由於這兩個因素，低收入父母比高收入父母更難以維持權威。

接下來的篇章裡，我會解釋一些事物的關聯，這些都是我們很少討論，但對於養育青少年卻至關重要的事，包括空間、活動和零用錢；時間、休閒和回憶；父母的社會地位。我希望藉此引發大家關注青少年複雜的需求，而這些需求通常包含低收入父母無法滿足的條件。

空間、付費活動和零用錢

低收入家庭生活的現實是缺乏私人空間，通常連父母都沒有自己的臥室，孩子當然沒有太多個人空間。我到受訪者的家裡拜訪，看到很多人發揮創意，運用床單和家具創造隔間，為十幾歲的孩子（尤其是女孩）提供某種程度的隱私。儘管如此，空間狹小的侷限，還是代表青少年通常發現與朋友在外面閒逛比待在家裡愉快。無論哪一個階級的父母和青少年都會遇到親子關係緊張時，遇到這種情況，想離家的傾向自然會加劇。父母提到希望有更大的房子時，其中一個原因就是想讓孩子擁有自己的空間，甚至可以帶朋友回家做作業、念書、聊天，不會受到弟妹或家中其他成員干擾。

低收入家庭的孩子與父母有錢安排才藝班或休閒活動的孩子不同之處在於，他們在白天有更多空閒時間，身旁也沒有大人。相較於經濟上比較依賴父母，因此也許不得不更為順從的孩子，低收入家庭的青少年兼差賺取零用錢的比例更高。在某些方面，他們比中產階級的孩子成熟、獨立自主，身邊的朋友也同樣獨立，可以一起消磨時間。種種因素加在一起，結果就是父母對孩子的影響力較為有限。因此，很多人不僅擔心年幼的孩子，也會憂心青少年。養育青春期的孩子有時甚至比照顧幼兒困難，他們可能蹺課、在外面流連忘返，或者乾脆不回家。說白一點，中產階級父母一部分是藉由環境來控制家中的青少年，他們在經濟上依賴父母、在家裡有私人空間、行程排得滿滿，都讓父母能夠繼續影響他們的日常生活。缺乏這些條件的低收入父母就很難維持權威。

時間、休閒、回憶

孩子的需求不斷變化。許多人在討論青少年的需求時，通常沒有將其視為照顧落差的問題。然而正如我們看到的，孩子的需求從實質的照顧轉變為建立關係和信任，時間、精力及父母的權威變得更重要。只要仔細檢視成長過程中不斷變化的需求，就會發現家庭生活不僅是滿足生理需求，而且養育小孩不是讓孩子活著就好。雖然超過一定年齡的孩子就不須隨時監督，但是家庭關係仍會大幅影響父母和孩子的幸福感。

假使不只考量實質的照顧，而是仔細檢視孩子不斷變化、複雜的需求，就會了解低收入父母在養育方面的挑戰。

剛開始進行研究時，一名社區工作者告訴我，他們會替不同家庭舉辦過夜小旅行。活動內容很簡單，就是帶一些食物到小木屋烤肉。活動結束後，他們會準備一本相簿，把週末旅行的照片列印出來交給出遊的家庭。我一開始誤會這麼做的目的，認為重點在於實際物品，以為相簿和印好的照片對那些家庭來說是奢侈品。但是她解釋這麼做的理由，以及後來看到一些受訪者提到這些週末旅行時開心的模樣，我才了解這是關於創造回憶。這些家庭通常沒有太多機會聚在一起放鬆，享受一家人出遊的樂趣，到外頭過夜、拍照，目的是創造家庭生活的美好回憶。

行文至此，我想到自己的辦公室和家裡，以及許多人的辦公室和家中，都擺放所愛的人的照片，背景幾乎都是悠閒的時刻：我和兄弟姊妹在腳踏車前合照、和家人與摯友在伊斯坦堡度假、老同學在農曆新年期間聚會，以及與有榮焉的父母在我的畢業典禮合照。回憶成為我們的養分，提醒自己是什麼人，以及我們與哪些人連結。我們在身邊擺放這些照片，讓自己隨時能看到這些快樂時光，記得我們是哪些人生命的一部分、我們並不孤單。

因此，相簿裡的照片不僅是實際物品，也是關於那個週末的愉快回憶。對每天生活在時間和金錢壓力下的家庭來說，那些照片代表家務勞動以外的記憶、壓力以外的情緒、家人發號施令或爭吵之外的時刻。

如果正如人們常說的，家庭是社會的基石，我們就必須記住，一個家不僅是具有實際功能的經濟單位。親子關係並非交易：我養你，讓你活下去；有一天換你養我，讓我活下去。家人必須從事建立關係和信任的活動，為了做到這點，要有特定的時間：閒暇時間、娛樂時間、休息時間。市面上的育兒書籍也充斥著相關建議，要我們重視溝通、花時間做有趣的事、建立信任，這是持續一輩子的關係。

我拜訪的家庭很少在週末度假旅行，我的意思不是他們不知道如何玩樂。儘管有金錢和時間的限制，但是部分家庭仍然設法安排休閒活動，他們也很擅長尋找免費的場所和活動。可是對大多數家庭來說，休閒活動並不容易安排，因為他們時常分身乏術，其他家庭休息的時間，他們得工作，而且新加坡有很多活動都要花錢才能參與。這點在孩子逐漸長大後格外明顯，因為較大的孩子沒有那麼容易取悅，不像幼兒只要到遊樂場或公園玩就很開心，而且他們感興趣的活動通常比較花錢。事實證明，創造家庭生活和幸福回憶的能力，深受階級高低影響。

家庭以外的世界：父母權威與社會的關聯

父母的權威不容易維持，其中的理由有些辛酸。我不時聽到父母告訴我，希望孩子不要像他們一樣，這些父母也經常告誡孩子：「用功念書，別像我一樣。」他們的夢想和抱負經常是：「希望孩子不要像我一樣。」或是像前面提到的：「我希望孩子比我更好。」

身為老師和父母，我最能影響年輕人的工具通常不是自己說的話，而是來自於我的身分。我可以建議學生採取某些步驟或遵循某些原則，因為我就是這麼做。重要的是，他們接受我的建議，是因為他們看到這些做法讓我達到什麼成就。我可以告訴孩子自己的求學經驗，讓她了解一時的失誤和失敗並不嚴重，因為她知道我在新加坡人眼中算是「成功」的。如果一個人走的路在傳統標準裡不那麼受推崇、在旁人的眼中不算成功，教導小孩時難免會受到質疑。我的意思不是孩子不尊重父母，他們很尊重，事實上，在我拜訪的許多家庭裡，我時常看到敬重父母的表現，例如在馬來人家庭，按照薩拉姆（salaam）[1]傳統，孩子在問候和告別時，會彎身鞠躬、親吻長輩的手，這是多麼美好、

[1] 譯注：馬來人傳統的問候方式。

令人讚嘆的恭敬表現。不過，這些父母會缺乏權威是在於，他們很難告訴孩子：你們要聽我的話，但是不要做我做過的事、不要變得像我一樣。

養育小孩是在社會內進行的活動，在真空環境下，沒有人是母親或父親。育兒的挑戰不僅和自己孩子的需求有關，也與特定的社會和特定的歷史時刻，何謂「正常」的養育方式有關。我們從身邊的人得知，怎麼樣算是「好媽媽」或「好爸爸」：鄰居、同事、朋友，甚至電梯內的陌生人對我們說的話，以及從老師、醫師和其他權威人士那裡獲得的建議，再來是與各種政策互動時接收的訊息。一旦考量這些因素，就會發現低收入父母面臨的挑戰是，必須在一個自己被否定的社會環境下教導子女。

一聊到孩子，我的受訪者，尤其是母親，有很多都表示自己和社區裡「其他父母」不一樣，例如姿（Zee）告訴我，她對四個孩子非常嚴格，每天玩耍前要先做完功課、必須做家事、大一點的孩子要照顧年幼的弟妹，最重要的是，他們不可以在樓下閒晃。如同許多父母，由於鄰居的關係，她希望搬離租賃組屋。她說看到很多孩子在外面待到很晚，才十三、四歲的孩子就在吸菸，讓她覺得很「痛心」。她非常嚴格，和別人不一樣。我經常聽到類似的說法，提到鄰居的素質，以及自己和其他父母不一樣。相同的說法為何會一再出現？父母的擔憂絕對是真實的，這些社區無疑存在較高的風險，但是這也與他們和我的互動有關，這些表示自己和別人不同的父母，在尋求我的認可、肯定及尊重。在午後聊天的互動中，他們想展現了解我的背景，以及像我這樣的人如何批評他們那種人。遇到這些時刻，我點頭、流露理解的表情，甚至發聲表示同感。我知道必須讓他們看到我在聆聽、表示認同，而不是批判，要呈現出像我這樣的人一般不會表現的態度。社區工作者稱讚她們是好媽媽時，她們顯然很開心，會微笑、謙虛地說：「一定要的啦！」

我怎麼知道這是關於尊嚴與認可的需求？與低收入者聊天時，他們經常提及與權威人士互動的緊張關係。有時是讓他們倍感壓力的老師，因為每次談話都關於孩子在學校出了什麼問題，以及他們該如何協助；更常見的是尋求財務支援的對象，發問的人也許無心，但是如果你一直問：「為什麼不送孩子去學生託管中心？為什麼不找待遇好一點的工作？為什麼不上更多培訓課程？」就會讓低收入父母覺得握有權力的人不相信自己是好父母、有辦法做出正確決定。如果旁人總是建議你如何養育子女，而且那些人通常根本不了解你是如何養育子女，你很可能會認為沒有人覺得你是稱職的父母。這樣的互動讓他們感覺受輕視。幾個月，有時甚至好幾年後，他們回憶起互動的細節，也許不到幾分鐘的交流，會在他們的腦海裡反覆播放。所以我們要在這樣的背景下，了解他們為什麼要強調自己和其他人不一樣，以及我或社區工作者稱讚他們是好父母的時刻。

在這座城市裡，財富與社會地位非常重要，每個新加坡人都知道這點。我們可以從餐廳服務生與顧客互動的肢體語言裡看到、從公共場所人們擦身而過的動作裡看到、從人們和位階「比他們高」或「比他們低」的人說話時的語氣中看到。這是極度重視身分地位的社會：分成服務別人和被服務的人，我們必須根據地位高低來調整舉止和語氣。為人父母的低收入者明白自己在這個社會裡的地位不高，因此他們很為難，一方面得叫孩子聽他們的話，另一方面又要告訴他們：「不要變得像我一樣。」在這種情況下，很難展現權威。管教小孩的方式不被理解、認可和讚揚，會對自尊心造成傷害，尤其身為父母的角色是一個人身分很重要的部分。

養育子女原本就不容易，無論成長的哪一個階段都不容易。在良好環境下，養育子女不容易，如果在金錢和時間有限、社會地位低落的環境下，就更困難了。

在缺乏階級保護的環境下成長

這幾年研究的發現，讓我感觸良多、心情複雜。我不知道應該將自己看到的狀況詮釋為優勢，也就是「韌性」，還是視為不足，也就是「問題」？我漸漸發現兩者都不夠完整，不過都沒有錯。雖然看似矛盾，但是我們必須同時運用這兩個框架詮釋。我們必須了解，一個人能夠因地制宜，不代表他們的處境是可以接受的。

這是二〇一四年，我在一次拜訪後寫下的紀錄：

我們走進一房式組屋，一名女子在烹調參巴峇辣煎❷菜餚，離開組屋很久後，我依然可以聞到那股味道。屋裡裝潢不多。幾張床墊靠在牆上，地上擺了一個菸灰缸，裡面有幾個菸頭。這家人養了三隻貓，其中一隻毛茸茸的灰貓，在我們拜訪時到處走來走去。兩個孩子非常友善，臉上掛著燦爛的笑容、表情開朗，彼此相處融洽，也熱情地招呼我們。他們邀請我們坐在地板上，自己也跟著坐下。男孩走到廚房，端出兩杯菊花茶。他們的禮貌令我印象深刻，我想不到我的社交圈裡有幾個孩子會自動端茶請客人喝。

閱讀這篇田野紀錄，可以看到那些孩子讓我留下深刻的印象。我到家裡拜訪，他們向我打招呼，還用雙手端茶，請客人享用。他們說話恭敬有禮，大人交談時靜靜坐在一旁，不會爭奪父母的注意力；從父母那裡，我得知孩子會主動協助大人做家事、照顧年幼的弟妹、賺錢、照顧生病的父母；從老師那裡，我得知這些孩子雖然成績沒那麼好，卻通常是老師最得力的小幫手。他們雖然不完美，也如同前面提到的，有時會惹事生

❷譯注：sambal belacan，馬來辣椒醬，通常是把多種辣椒和香料磨碎，加入蝦膏炒香而成。

非，但是整體而言，這些孩子成熟、獨立、彬彬有禮，有時無私到驚人的地步。我們要突顯他們的優勢，因為在公眾討論時，他們經常遭受侮蔑，我們只強調他們的缺點：考試不及格、逃學、抽菸、行為不端。

然而，發現他們的長處、了解他們是好孩子，不是在說他們沒問題。我們也必須注意到這些孩子的機會有限，而且前方的道路充滿危險。

≠

認識梅（Mui）時，她已經生病了，她當時四十多歲，正在接受癌症治療，預後的狀況不太好。梅是單親媽媽，兒子艾倫（Aaron）十四歲。她在家中擺放兒子念幼稚園時的照片，她深情地指著照片，描述兒子當時有多聰明可愛。儘管我去過她的組屋三次，不過我從未見過那個男孩。她發病時，艾倫已是典型的青少年，喜歡和朋友出去玩。她感嘆地說兒子經常對她擺臉色，還學會抽菸。隨著身體愈來愈虛弱，兒子的未來，包括他將來住哪裡，以及跟誰住，都令她焦慮不已。梅的母親還健在，她也有其他手足，不過她生病時，他們都不太願意擔任男孩的監護人，他們和艾倫的關係沒有那麼密切，也有其他事情得做、有自己的家人要照顧。我在第三次拜訪時，梅已經很虛弱，幾乎無法說話。她的姊姊幫忙做家事和煮飯。姊姊十分健談開朗，告訴我梅身體好時有多勤奮。

她說兄弟姊妹小時候與母親相處並不融洽，還提到認為梅的兒子應該和她們的另一個姊妹，也就是他的阿姨同住，因為她時常不在家，而艾倫需要大人嚴密看管，如果他逃家，他們就永遠找不到他了，所以不能住在她家。我是到了幾個月後，數度聽聞青少年離家後完全失去音訊、家人遍尋不著的案例，才真正理解梅的姊姊為何擔心。這個環境下的孩子的確可能和家人斷了音訊。任何人都可能遇到突如其來的災難，富裕家庭也會面臨生病、離婚、死亡的危機，所有家庭都會出現家人關係緊繃或發生衝突的時刻，但是聽到青少年可能與家人失去聯絡後，我發現低收入家庭的年輕人要承受更大的風險，尤其是家裡出現危機、關係破裂時，他們的路徑更有可能中斷。

撰寫這本書的過程中，我沒有採訪孩子，若想進一步了解他們的觀點，就必須深入研究。儘管如此，我還是觀察到很多青少年在社區附近閒逛。因為我經常到組屋拜訪，所以有時也會在家裡見到他們。我主要是從他們的家人和社工口中聽到他們的事，另外也間接從成年人描述自己小時候的情況，了解在低收入家庭成長的經驗。根據以上各種角度，我發現低收入家庭的孩子確實面臨許多挑戰。

年輕人難免躁動不安、受到誤解，他們對世界有一定的了解，也有能量和渴望參與其中，卻必須面對無能為力的挫敗感。我記得年輕時的這些感受，也在學生和年輕朋友談論自己的生活時聽到類似的想法。中產階級的孩子能夠延遲自主權、不用那麼快對他人負責，一旦犯錯，別人也比較寬容，他們有時間學習，準備好單飛前可以在父母的保護傘下生活。低收入家庭的年輕人沒有慢慢經歷這個過程的餘裕，這些社區的孩子很早就開始獨立負責：做家事、工作、為人父母、照顧弟妹或父母、處理人際關係的危機和衝突。在這種情況下，許多孩子依然茁壯成長，這也許可以解釋他們見過大風大浪的生存智慧。不過不意外地，很多孩子也過得很辛苦。

我為什麼要描述這些負擔和挑戰？在前面的段落中，我提到在低收入條件下撫養孩子的難處。要了解這對孩子造成什麼影響，必須理解父母和孩子的生活如何緊密交織，以及理解階級複製（無論是階級優勢或劣勢）有多難打破。在現今的社會背景下，流動，而非停滯，才是令人費解的例外。

「家庭是第一線支持」

養育子女是與社會脫不了關係的活動，這代表兩件事：首先，它連結到日常生活的其他元素，包括工作、家人的互動及學校；第二，它受到社會的期望、要求和習慣影響。換句話說，沒有人「只是」父母，也沒有人在隔離的情況下養兒育女。我們雖然是父母，但同時也是員工、同事、配偶、兄弟姊妹、兒女、鄰居、朋友。我們對於養育子女的想法，一部分會受到老師與我們的關係、大家族成員的要求、朋友和熟人的建議，以及「專業人士」的意見影響，包括醫生、諮商師、社工等。我們往往認為自己是獨立思考的個體，我不只一次聽到有人說：「我就是做自己想做的事，不在乎別人怎麼講。」但是事實上，對於「好」或「壞」父母的定義主要受大環境決定，其標準並非任何個人所能掌控。

在匱乏的條件下養育子女，缺乏金錢和對時間的掌控都會引發極大壓力。除了幼兒之外，較大的孩子在照顧方面也會出現缺口。這使得打造家庭生活尤其困難，包括編織休閒玩樂的美好回憶，以及日常溝通與建立關係。

若想在新加坡過好生活，很大一部分的前提是必須組織家庭。我們獲取各種公共資源的途徑幾乎都是透過家庭，包括住房、醫療保健和退休制度等。❸在教育方面，父母的參與和投資也比以往任何時候都重要。無論階級高低，對於家庭單位的嚴重依賴，加上家庭之間的不平等現象，都不僅形成不同水準的享受，也對於滿足基本需求產生深遠、長期的影響。

政策無法預期單一家庭可能遇到的所有問題，儘管如此，有鑑於提供公共資源的假設，即「家庭是第一線的支持」，我們必須確保合理的**家庭生活**（不是只有組成家庭**單**

❸更多相關資訊，參見本書第六章「有差異的應得」。

位就好）並非階級特權。

近年來，有些人提出向低收入家庭的孩子挹注資源，以達到公平的競爭環境；公共資源也已投注於教育，包括兒童早期教育。這的確是好事，但是孩童和父母的福祉並非毫無關聯，學校生活不可能與家庭生活分開。因此要達到公平的競爭環境，也必須縮減低收入家庭與高收入家庭日常生活的差距。

在每一天的家庭生活中，我們並非只是狹隘的經濟數字和經濟參與者：負擔家計的人、被撫養人、未來的受薪者、過去的受薪者。我們是和活生生、會呼吸的人住在一起：我們和誰爭吵、關心誰、與誰分享笑聲和眼淚。若要讓家人相互依存、讓家庭成為經濟單位（正如公共政策要求的），我們需要這些將我們聯繫在一起的事物。家庭權利不能僅限於經濟單位的權利。既然這個社會的福祉與家庭息息相關，我們除了有建立家庭的權利，也應該有權利給予和接受照顧，一起打造有意義、有尊嚴的生活。

這三年的研究，讓我在無意間學習和思考很多事物。我的受訪者是智慧的泉源，透過他們，我看到耐心、慷慨、勤奮，以及表達愛意和感謝的價值。那些午後時光十分美好，我出現在家門口，他們就歡迎我進入家中、和我聊天，時間彷彿慢了下來。令我驚訝的是，他們推心置腹地和我聊天，只是為了分享經驗，不是因為我可以給他們任何回報。看到孩子結伴在屋外玩耍，不禁讓我回憶起童年時光。這些受訪者一次又一次地令我感到佩服：他們的韌性和遇到挫折的復元能力；面對不斷出現的逆境，依然相信努力工作、正面思考；對於人際互動、關係和信任的重視，形成日常生活的紋理；父母願意為孩子做出那麼多的犧牲。我時常在拜訪後，想像自己遇到相同的情況，不知道自己有沒有辦法像他們那樣堅強、善良、慷慨。許多受訪者激勵我成為更好的父母，以更寬容、關愛、開放的心，看到孩子與我是獨立的個體。在他們的身邊，迫使我重新思考很多原本認為理所當然的「正常」生活。

有些人說，（較富裕的）新加坡人應該去新加坡或鄰國的低收入地區看看，才會更珍惜自己的生活。我最近參與另一項研究的焦點小組討論，一名與會者也表示，旅行可以幫助人們了解其他地方有多貧窮，尤其是到鄰近國家，會發現「新加坡還是最棒的」。其中的邏輯似乎來自於令我深感不安的假設：別人的痛苦讓我的生活看起來比較美好。這些年的經驗告訴我，如果希望了解並學習他人的做法，就不能只當個過客。我們不能認為自己的觀點、經驗、世界觀是唯一存在或唯一重要的。

為什麼要特別指出這一點？正如先前提過的，我們不是在真空狀態下養兒育女。低收入父母時時面對缺乏尊嚴和價值的感覺，會強烈影響親子關係。我們太少讚揚父母的努力、愛心和犧牲，但是這麼做非常重要，我們必須宣揚和認可我看到的這些特質。嘲諷低收入父母、不公平的偏見、拒絕承認社會的環境和限制，不能成為我們看待事情的基礎。如果真心希望低收入家庭的孩子有更多機會，所有人，包括老師、社工、政策制定者、研究人員，都必須克服狹隘的視野和個人的偏見。

所有階級都有「好父母」和「壞父母」。在大多數情況下，沒有一個人是全然的好人或壞人。若要描述養兒育女的過程，更準確的方式也許是說我們經常嘗試，也經常失敗，而我們希望儘管經歷反覆的嘗試和失敗，但還是能夠教出好孩子。我們在特定社會背景、特定的條件和情況下盡力而為，其中一部分是靠運氣，但很大部分是透過社會整體的選擇而產生，包括我們推動或不推動哪些政策和法律、我們設計和實施哪些制度，以及我們與他人互動的方式。

第六章

Differentiated Deservedness

有差異的應得

在新加坡人的日常生活中，政府的存在如同空氣，所以一本探討不平等和貧窮的書籍，如果沒有討論政府在其中扮演的角色就不算完整。在本章中，我會檢視新加坡國家福利政策的基本原則，並探討它對我們造成的影響：我們的「新加坡特質」。

本章摘自我發表的學術論文，[1]為了讓一般讀者更容易理解，我重新撰寫，不過仍然保留學術論文的結構和專門術語，希望讀者不會因而卻步，這一章是本書的核心，也是我們最重要的挑戰。

本章不容易消化的另一個原因，也可能是接下來的內容提醒我們，消除不公平有多困難，我們面臨的挑戰是糾結複雜的制度和文化問題。

我是社會學家，社會學家接受的專業訓練是，提問、尋找、拆解、分析和批評。我很清楚光是做這些事不足以帶來改變，但我認為這是改變過程中很重要的部分，也是思考替代選項的必備前提。要找出問題的解決方案，首先要提出對的問題，才能準確診斷、找出哪些事迫在眉睫。如果在了解問題前就提出解決方案，方案必然不夠完整。

閱讀本章之前，請記得兩個簡單的問題：我們能否解決先前提到的貧困和不平等問題？有哪些因素形成阻礙，導致我們無法解決？

公共資源的交付方式：以工作和婚姻為中心

在住房、醫療保健、退休和育兒需求方面，新加坡政府深度干預供應管道與取得的途徑。但是從公民的角度來看，如此密集的干預並沒有轉化為保證取得的機會。一個人必須固定就業、擁有穩定的婚姻關係，而且在婚姻關係裡，男性和女性必須扮演各自的性別角色，才能滿足上述需求。滿足需求的程度與能否延續，更進一步取決於收入是否足以分配到儲蓄和投資，以及能否維持家庭內部相互依存的經濟關係。

從公共住房到醫療保健、從托育補助到退休，都必須仰賴固定、持續的有薪工作，基本上就是以收入購買上述保障。我們沒有全民普及的社會福利制度，新加坡人必須透過連結就業的強制儲蓄計畫來滿足這些需求，也就是強制提撥的中央公積金制度，不過光靠這筆存款通常不夠。一個人只要沒有就業：在家帶小孩的女性、身心障礙者、老年人，就必須依靠受僱的家庭成員，若是不得已，才會採取最後的手段：尋求公共支援。

服務補貼取決於特定的家庭形式，結婚並維持婚姻狀態是獲取公共物品，尤其是住房的先決條件。丈夫負責養家活口、妻子負責照顧孩子，這類按照性別的分工獲得公共

❶ Teo（2015）；Teo（2017）。

政策（例如產假或陪產假、托兒所補貼、僱用外傭的法規、已婚在職母親稅收減免）支持，並因此不斷複製重現；未婚人士較難申請到公共住房；離婚後就得出售組屋；未婚媽媽的育兒補貼較少；直到二〇一六年四月宣布修改前，未婚媽媽甚至無法享有政府補助的帶薪產假；未婚女性及其子女仍然無法以「核心家庭」的身分申請公共住房；醫療補助必須事先通過資產審查，包括患者及其家人的所得和儲蓄；沒有收入的老年人必須證明自己沒有成年子女撫養，才能得到政府支援。

透過就業收入資助各種需求，代表公民一旦失業或無法工作，無論暫時還是永久，就極度缺乏保障。對於收入不夠多、無法在工作時額外儲蓄的人，以及如同前面提到的，沒有透過婚姻關係與其他有收入者連結的人，後果尤其嚴重。公共住房和醫療保健高度仰賴固定收入，萬一個人或家庭存款不足，就可能被這些基本福利的花費壓得喘不過氣。取得補貼的資格取決於個人和家庭成員的關係，因此一旦與配偶或家人發生衝突，就可能擔心自己無處可去。尤其是照顧孩子、沒有就業的女性，倘若失去與男主人的連結，媽媽和孩子就可能立即陷入困境。

其中的關鍵原則是：把就業收入當作滿足需求的主要條件，以及透過特定婚姻形式作為取得公共資源的標準，往往是以「自力更生」和「保護亞洲傳統家庭價值」的說法來解釋。其中的邏輯是，如果國家做得太多，可能破壞職業道德和家庭相互依存的關係。無論是有意還是無意，我們都應該知道這麼做的結果是：能夠取得多少公共財（public goods），會根據個人情況而有所差異；只能得到他們允許你得到的，以及你有能力購買的部分。

制度化

這種根據個人情況取得不同程度公共財的現象，並非自由市場力量的遺毒或無法避免的結果，上述解釋也並非只是說說，而是透過國家機構建立的制度不斷複製。各式各樣藉由法規形成的制約因素，影響人們取得公共財的途徑、品質和數量。

首先，新加坡有許多國家層級的制度：所有公民都必須接受強制教育；醫療保健是由「私立」和「公立」醫院提供，不過兩者皆由國家協調和監管；[2] 新加坡大部分住房是透過建屋發展局建造和出售；最後，政府機構強制規定並掌管所有受僱的公民和永久居民的個人儲蓄。

最後一個制度值得詳細說明。除了教育方面的補貼比較廣泛外，費用相對而言較為低廉（如果不將補習費用計算在內），醫療、住房和退休資金都是透過中央公積金強制

[2] Lim（2013a）。

存款機制進行。

每一名有工作的新加坡公民或永久居民，都必須開設中央公積金帳戶，並將一部分月薪存入。中央公積金分成三個帳戶，按照特定比例提撥，分別是一般帳戶（Ordinary Account, OA）、特別帳戶（Special Account, SA），以及醫療儲蓄帳戶（Medisave Account, MA），其中一部分由員工提撥，另一部分則由雇主提撥，提撥的比例主要取決於年齡和收入。個人帳戶累積的存款可以用來購屋、支付醫療保險費、作為退休保障和投資特定金融產品。與歐洲年金制度不同之處，在於累積的存款為個人所有。五十五歲前，個人可以從一般帳戶提錢，不過只能用來購買組屋或支付住院醫療費用；年滿五十五歲後，個人可以提領中央公積金，不過為了防止有人在五十五歲就把錢用光，帳戶內必須留有一定的存款，也就是最低儲蓄金。二〇〇九年起，政府開辦「中央公積金終身入息計畫」（CPF Life），讓加入的成員從六十五歲開始終身領取。這項計畫具有分擔風險和保險的成分，所有參與中央公積金終身入息計畫的人都能提領月退俸，一直領到身故，不過每個人每月可領取的金額，取決於五十五歲時個人帳戶裡有多少錢。透過中央公積金購買組屋、支付醫療費用與退休保障的能力，要視一個人一生中受僱的時間，以及賺取薪資期間的收入水準而定。

之所以說新加坡取得公共財的管道已經形成制度，而且每個人取得的程度不同，是基於下述原因。

首先，這是強制性的制度，非加入不可。[3]這是制度化概念的基石，即某些做法形成規範、必然發生，而且影響深遠。

其次，關於存入和使用都有明確嚴格的規範。政府設定、調整中央公積金帳戶的提撥率，以及退休後帳戶必須保留的最低金額，另外的規定還包括使用中央公積金支付醫療費用時，必須負責共同承擔額，還有如果出售房屋，要將中央公積金退還到已婚／離婚夫妻的個人帳戶。

第三，機構間關係密切並高度協調，無論購買組屋或尋求醫療服務，都會引發不同政府機構介入。

第四，中央公積金帳戶並非設計成能夠移轉，無論是跨世代或跨階級。[4]個人為自己的退休、住房和醫療保健挹注資金的能力，取決於受僱時的薪資。

---

❸ 退休後擁有大量替代收入的人可以申請豁免，無須維持最低金額，但退休前提撥一定金額到帳戶內是強制規定。

❹ 家人間可以跨世代移轉，不過這屬於例外性質。滿足退休需求（符合中央公積金管理局〔CPF Board〕規定）的個人，可以將資金轉入父母、岳父母、祖父母或配偶祖父母的中央公積金帳戶。

第五，由於中央公積金通常不敷使用，[5]因此個人需要有額外的儲蓄、投資、保險或其他收入來源（包括能夠提供支援的成年子女），才能充分滿足所有需求。

最後，政府認可、鼓勵和服務差異化的市場：公共住房的大小和價格不同，暗示不同的社會地位；人民可以付費選購不同「等級」的病房和不同類型的醫院，花的錢愈多，等待的時間就愈短；托兒所和幼稚園的價格與品質也都有極大差異。

因此，滿足基本需求的制度強迫新加坡人按照以下原則生活：透過穩定、連續的就業來承擔個人責任，並且要「自力更生」；缺乏社會保障；資源無法重新分配；家人間必須相互依賴，而且「家庭」定義為個別單位，相互依賴則代表必須符合特定性別角色及隔代照顧。重要的是，人們可以取得的服務類型和品質取決於支付的能力。

殘補式、特定、有條件的「幫助」

在公眾討論的場合裡，很少人將公共住房、醫療保健、教育和退休描述為「福利」，這恰如其分地表明，這些產品或服務並非一視同仁的公民權，而是近似於其他自由主義國家，例如美國和英國，「福利」通常狹義地指稱針對低收入人口的援助。在這樣的制度下，福利帶有負面涵義，代表過度依賴、寄生行為和例外。時常有人宣稱「我們不是福利國家」，並暗示這是正面的事。

不意外地，旨在解決「例外狀況」（富裕城市的低收入人口）的公共政策，設計時考慮的是白吃白喝。這樣的政策並不全面，是殘補式、[6]針對少數特定對象（透過資產和經濟狀況調查），而且有很多附帶條件。

新加坡政府將協助「貧窮人口」的態度歸納為三原則：「幫助貧窮人士及其家人自力更生；鼓勵家庭成為低收入人口的第一線支持；依據『多方援手』（Many Helping Hands）的概念，鼓勵社區組織參與協助。」[7]

近年來，我們可以看到許多針對低收入家庭開辦的複雜計畫，像是提升低薪工作者收入的就業補助金（Workfare Income Supplement, WIS）、補貼低收入家庭學前教育費用的社區關懷托育津貼（ComCare Child Care Subsidies）、協助低收入家庭度過難關的社區關懷緊急援助基金（ComCare Urgent Financial Assistance），以及補貼低收入者醫療費用的保健基金（Medifund）。

---

[5] Bhaskaran、Ho、Low、Tan、Vadaketh與Yeoh（2012）；Hui（2012）；Ng（2013）。

[6] 譯注：殘補式（residual）福利是指，社會福利制度扮演「家庭與市場破敗之後的補救措施」（林萬億，《福利國家：歷史比較的分析》，頁一一九），政府只在市場與家庭分配功能失靈時有限地介入。殘補福利照顧的對象主要是「窮人」，例如美國即採用這種福利制度。

[7] 社會及家庭發展部（Ministry of Social and Family Development）（2017）。

這些計畫有三個密不可分的特徵：首先，它們是殘補式的福利政策，顯然是針對一小群特定新加坡人，而非所有公民都享有的社會保障。這些計畫的目的也很明確，就是為了例外狀況：儘管大多數新加坡人過得很好，但是少數人沒有，因此需要額外的「協助」，這些計畫正是為他們制定的。[8]這是殘補式、糾正性的措施，因為並非一切都能「交由市場決定」。[9]

其次，這些計畫涵蓋的範圍很小，是針對符合狹隘標準的特定人員或家庭，例如就業補助金的對象是年滿三十五歲、有繳納中央公積金、每月所得低於二千新加坡幣（臺幣四萬二千一百八十元），並在三個月內至少受僱一個月的就業人口。這些人能夠領取多少補助金，取決於許多因素的綜合影響，包括年齡、收入、住宅價值，以及從事的是領取薪資的工作還是自僱。就業補助金中有四〇％是現金、六〇％存入中央公積金帳戶。根據這些細節，我們知道此項計畫在設計時，目的是為了滿足定義狹隘的需求。

這些政策確保沒有人得到超出國家認為他們應有的「需求」。此處的問題不僅在於低收入者可能沒有得到足夠支援，也在於這種看待援助的方式，把計畫制定成符合規定的是特例、最「貧窮」的人，會傷害「接受者」的尊嚴。同樣地，若想申請社區關懷緊急援助基金的臨時現金援助，也必須符合嚴苛的條件（主要是確定該家庭在當時沒有足夠的收入來源），並且每三到六個月都要重新審核一次。

我的受訪者雖然是收入最低的一群人，但有些人卻告訴我，他們不打算申請「援助」，因為手續實在太麻煩，這讓我覺得很意外。更令我驚訝的是，他們表示那些錢應該「留給其他」更需要的人。他們似乎也相信「自力更生」最重要，雖然處境堪虞，卻仍堅持自己「還過得去」。

第三個特徵則加深政府援助是「幫助最貧窮的人」，而非讓所有公民享有社會保障的觀念，也就是援助取決於個人的社會身分與每天的所作所為。階級與是否符合傳統家庭男女分工，會影響一個人取得的資源，例如育兒支援就有差異，援助的類型（產假、嬰兒花紅計畫〔Baby Bonus〕、稅收減免、補貼）、補貼金額，以及提供的管道（外籍家庭幫傭、托育中心或幼稚園），都根據家庭收入、母親的收入、婚姻狀況和母親的就業狀況而有所不同。低收入女性如果希望在育兒方面取得協助，前提是必須連續就業，暗示有薪工作是常態，以及這是有條件的援助。

如果檢視特定計畫，就會發現低收入者似乎是許多「福利」的重點。在我發表本次研究的許多演講場合裡，都會聽到聽眾發表類似下述評論：我們有很多針對低收入人口

❽ Shanmugaratnam（2014）。
❾ Shanmugaratnam（2011）。

的計畫，政府已經做了不少事。但是只要後退一步、放眼大局，就會發現在我們的制度下，低收入新加坡人最難滿足的需求，在於住房、育兒、醫療保健和長期保障。在今天的新加坡，要確保自己能夠滿足這些需求，最重要的因素是要有就業收入及組織特定形式的家庭。我們將之視為理所當然，所以很少質疑為何公共財規劃得像一般的商業產品和服務。[10]

按照目前市場參與和購買需求的邏輯，只要我們不討論普遍存在的低工資與剝削勞工的問題，並且毫無疑問地接受「家庭」只有一種形式，無法滿足需求的人就會被認定為「失敗者」，或是「被遺忘」的例外。討論貧困問題時，幾乎必然出現的一句話是：「找出真正需要幫助的人。」我們由此得知，即使表面上關心貧困問題的人，都認為有些低收入者是因為不夠努力才無法翻身；如果心中沒有「不是真正需要幫助的人」，又怎麼會有「真正需要幫助的人」？

有差異的應得

從公共財的設計和交付方式裡，我們看到所謂的「有差異的應得」，也就是根據一個人的身分和生活方式，提供不同類型的公共服務**和**公共支援。

在這裡，我想指出歧視和差異的微妙區別。歧視是描述這樣的過程：社會上的某些群體，在取得商品和服務方面的機會不均等，也就是某些人因為屬於某類群體而取得更多或更少資源。藉由歧視的概念，我們能看到哪些人遭受不平等待遇，但也因此往往不去探究，我們為何假設某些社會類別是不言而喻，而且具有一致的界限，例如我們可能會說，住房政策歧視未婚人士，他們無法像已婚者那樣取得公共住房的資源。這樣的說法沒錯，但它假設「未婚」和「已婚」的類別是理所當然的，認為人與人就該組成一致的群體，而且按照結婚與否分配住房是自然而然的事。

另一方面，如果從差異的角度思考這個過程，會更有**生產力**，使我們意識到自己同時在創造類別並賦予意義。這個概念提醒我們，社會上的類別並非自然形成，而且一旦創造出來，就不僅成為官僚機構的標籤，也成為組成個人身分的重要部分。把人分成不同群體，會**產生**不同的做法、**賦予**類別**意義**。藉由各種公共政策，例如關於「未婚」及「已婚」人士的規定，我們賦予這些類別內容和涵義，讓它在社會上變得真實、有意義。在新加坡社會，已婚或未婚開始象徵不同事物，我們透過這些鏡頭了解自己和彼此。

10 林方源（Jeremy Lim）探討醫療制度的著作，提醒我們醫療系統是不久前才從較為普及、公共資助的形式，轉變為個人化、私人支付的形式，參見Lim（2013a）。

除了歧視外，我們也要關注差異，看到下述類別成為新加坡現代社會的重要分類方式，因為它左右我們的公共政策，同時影響我們能否滿足關鍵需求：丈夫／妻子、異性戀／同性戀、老人／年輕人、有工作／無業、已婚／未婚、有小孩／沒有子女、身體健康／身心障礙、畢業生／中輟生。公共政策不僅強調男性和女性、收入多和收入少的人，得到不同程度的福利，也為個人的選擇賦予意義。異性戀、展現女性特質、就業皆為必要，但是光是這樣仍不足以取得關鍵資源，異性戀者必須在相對年輕時就結婚；女性特質必須透過婚姻、就業和生兒育女來實踐；就業必須連續、穩定、賺取足夠收入，並將所得留在核心家庭裡。如此一來，透過這種方式，政策將公民標記為具有不同角色、責任和權利的人，其內容取決於此人隸屬的社會類別和每天的所作所為，重點是必須執行異性戀的常態行為：結婚、持續就業、擁有符合社會經濟狀況的子女數量、與父母或子女相互依賴。若有任何一點不符常規，就要在福利與社會保障方面付出代價。

總結來說，新加坡的福利制度具有以下特點：首先，人們必須透過固定就業，來滿足住房、醫療保健、育兒和退休方面的需求，沒有工作的人就沒有相應的安全網；其次，在獲取公共財方面，政府高度監管協調，儘管社會支出和再分配的幅度不大，但制度化與掌控的程度卻非如此。政府機構、法律及政策將獲取公共財的方式，制定為量身打造、人與人之間差異極大，而且要組成符合異性戀常態形式的家庭，經濟參與的方式也必須符合特定家人間相互依賴；最後，雖然政府的確關注無法透過市場參與來滿足需求的低收入者，不過這類「協助」是殘補式、有條件，並且針對特定人士的政策。貼上不同價格標籤的服務類型和品質包羅萬象，自然而然導致不平等。生活在這樣的城市裡，能夠擁有的住房、醫療、教育和育兒類型，完全取決於我們能花多少錢，因此漸漸接受自己應得的服務水準，是根據財富高低來決定。

儘管最近政府開始倡導「社會包容」，但實際上推動的社會制度卻不鼓勵社會成員擔負相互義務。[11]透過每一天的做法，我們實踐的原則反而是每個人都必須照顧自己和**自己的**家人。

身為新加坡人必須面對的兩種現實，還是顧客可以對其他顧客效忠？

提筆至此，國慶日即將來臨。吊掛國旗的軍機飛越上空，燈柱貼滿呈現多元文化面孔的橫幅，收音機播放讚頌國家榮耀的歌曲。新加坡人不斷被這些各式各樣的方法，提醒我們是一個國家、一個民族、一個新加坡。這種透過符號表現團結的民族主義，在

⑪ Somers（2008）。

每年此時分外明顯，雖然其他時候也能感受得到。在新加坡，「為了國家」、「為了更美好的社會」這類語言，仍然在公共討論時出現，不會被臺下觀眾嘲笑，也不會顯得古怪、天真。這是我們民族文化的一個層面；我們共同的說法包含這樣的主張：在新加坡，我們不像「西方」那樣強調個人主義，而是把社會置於自我之上。

這種說法在某方面是正確的，在其他社會或許也是，包括遭到中傷的「西方」。人類在社會裡生活，而生活在社會裡，尤其是城市，多少需要合作和利他主義，也就是為了眾人的利益，放棄自己的利益。

但這種國家是由一群將社會置於自我之上的人組成的理想（也是社會學家的夢想），每天都受到新加坡的其他社會風潮挑戰：沒有人欠你什麼、你要為自己和家人打算。這些想法也成為我們的文化。

社會倫理來自於集體的做法。我們應該關心自己每一天做事依循的原則：就業、成家、申請住房、育兒、存退休金、請家教、灌輸孩子「孝順」的觀念，因為這些都是構成公眾倫理的基石。

根據我們取得（或是無法取得）公共財的機制和原則，什麼樣的人被標記為好公民，應該得到更多？哪些人沒那麼好，因此得到較少？在強調自立自強和家庭是第一線支持的制度下，我們如何與其他人連結，什麼樣的連結又是無法想像的？

成為個別家庭中的個體，展現特定作為、有特定的計畫、欲望和財富，才稱得上當之無愧。這種邏輯暗藏某種主觀的想法：人是個體、家庭是個別單位；我們應該為自己著想、做對自己好的事；我們必須自力更生，盡量減少對他人的依賴。按照這種思維模式，依賴是個人最終的失敗和社會弊病。有人過著豪華奢侈的生活，另一些人卻入不敷出，那都是他們應得的。

每一天這樣思考和生活，不平等就必然出現。

熱情高呼的「眾人利益」，與我們的真實經驗不斷對抗。

社會存在哪些機制，讓我們履行共同義務、共同責任和集體權利？在現實生活中，我們對社會成員的定義是，每個人應得的權利是個人的挑戰、任務和責任。所謂的傳統「亞洲家庭」只是偽裝，事實上是個別的單位，讓我們理所當然地讓自己的生活與同胞脫離。

如果每個人都要為生活的需求付出代價，並且不斷被提醒，我們付出多少就得到多少、付出超過自己該付的就是不公平，我們真的能看到並體諒其他也站在收銀臺前的人嗎？

顧客可以體諒其他顧客嗎？

我們在公眾討論的場合，強調犧牲、社區、眾人利益；我們的制度和每天的生活，卻規定並強迫個人主義、競爭、以自我為中心。

改革

改革是當務之急，尤其是在人口快速老化、社會福利支出偏低的東亞國家。新加坡的決策者與政治人物，也承認當前制度有待加強、有改革的必要。

最近的干預措施有兩個特點：第一，關注的重點在於就業；第二，導入更多針對低收入者的計畫。第一套干預措施的主要目的是，激勵雇主留任原本可能裁撤的員工，除了就業補助金之外，也制定一系列計畫來補貼公司留任年長或低薪勞工，以及讓員工參與培訓計畫期間的薪資。第二套則是針對低收入家庭的計畫，則包括短期現金援助與育兒津貼和學校補助。如同前面提到的，這些計畫通常設計為短期措施、必須通過嚴格的經濟情況調查、符合特定的家庭形式和做法，而且金額通常不多。

政策背後的基本原則依然延續。

首先，對於普及原則仍然強烈抗拒。儘管事實上，政府已經推動部分措施來確保達到一定的基本需求，包括中央公積金終身入息計畫和終身健保（MediShield Life），前者是提供與工作收入相應的退休金，後者則旨在為所有公民和永久居民提供醫療保險，主要是補貼收費昂貴的醫療費用，例如某些慢性疾病、外科手術及住院治療。

對於普及原則的抗拒，主要以三種方式呈現：首先，我們在討論建立包容社會有多重要時，很少聽到關於重新分配的論述；相反地，在政府主導的社會福利對話裡，不時有人對提高所得稅提出警告。我們持續聽到新加坡對全球企業和「人才」的吸引力，取決於維持低稅率的說法。研究社會福利制度的學者丹尼爾・貝蘭德（Daniel Béland）指出，相較於關注收入差距時產生的垂直意象，「社會排斥」會引發橫向的空間隱喻。[12]新加坡就有這種狀況，愈來愈多人提出「社會包容」的說法，卻沒有思考可能引發排斥現象的權力關係和剝削。避開直接討論不平等，以及我們不僅需要「包容」，還必須重新分配，阻礙了關於普及原則的討論。

另一個持續迴避，甚至主動避免普及原則的方式，是透過近年來推行的大多數計畫，都必須接受精心校準的經濟狀況調查呈現。我們在針對兒童教育和育兒的各種補貼、現金援助與收入補貼計畫，以及各種取得醫療服務的政策中，都能看到這一點。

避免普及原則的第三種方式不那麼明顯：將貧困問題區隔開來。關於貧困的論述，愈來愈多人提到「慈善」的概念，以及有餘裕的人「幫助」際遇較差的人。伴隨而來的

[12] Béland（2007）。

是成立許多專門機構、活動、計畫，並配置專人來協助「窮人」。以這種方式看待貧困問題，等於將之孤立，把少數人遇到的狀況和挑戰與其他人區隔開來、讓貧困問題脫離造成貧困的政治、經濟情況，甚至將公共介入的框架定義為「慈善」和「幫助」；換句話說，這超越公共**責任**，**接受者**只是接受幫助，而非理應享有某些基本福祉和保障的社會成員。

除了持續抗拒普及原則外，最近的改革也再度確認家庭的中心地位。正如埃斯潘－安德森（Esping-Andersen）指出的，[13]在鞏固人與人的關係方面，對家庭的承諾可能是好事；不過，尤其從女性的角度來看，實際的結果往往是負擔不均等和強迫依賴。新加坡政府在推動提升就業機會的相關措施時，很少注意到家庭性別角色與職場性別不平等的問題。針對「平衡工作與生活」所推出的政策，實際上卻再度強化女性就業和家務責任的雙重負擔。[14]與此相關的是，政府的制度和做法明顯肯定異性戀常態化，包括兩性的特定角色和性取向。關於公共住房、育兒、就業福利的各種政策，母親和父親、未婚媽媽與已婚者、已婚夫婦與未婚人士仍有差別待遇，因此迄今為止的改革幾乎沒有真正打破應得差異的原則。

最近的改革沒有推翻個人主義與應得差異的觀念（兩者皆已成為制度背後的原則及常識），反而再次確認個人做法和「選擇」的重要，並且接受結果不同、不平等的狀態。規避普及原則，就無法朝著建立以相互應盡之責任義務為原則的公民社會邁進，正如瑪格麗特・薩默斯（Margaret Somers）表示的：「平等公民之間存在相互但不相等的權利和義務。」

所以該怎麼辦？

新自由資本主義顯然在社會內部造成極大的物質差異，根據吉尼係數（Gini coefficient）衡量，在富裕國家中，新加坡所得不均的問題數一數二嚴重。[15]二〇一六年，前一〇%家庭的平均月收入為一萬二千七百七十三新加坡幣（臺幣二十六萬九千一百二十七元），是第八十一至第九十位百分位家庭（五千九百五十八新加坡幣，臺幣十二萬五千五百三十五元）的二・一倍、第四十一至五十位百分位家庭的五・四倍（二千三百三十九新加坡幣，臺幣四萬九千二百八十三元），以及最低一〇%家庭的二十三倍（五百四十三新加坡幣，臺幣一萬一千四百四十一元）。[16]

---

[13] Esping-Andersen（1997）。
[14] Teo（2013）。
[15] Lim（2013b）。
[16] 新加坡統計局（2016）。

身為富裕城市裡的窮人，不符合政府「理想家庭」必須付出的代價顯而易見：住房缺乏保障及惡劣的居住條件；因為缺錢而害怕看醫生；孩子剛進小學一年級就落後；無法滿足托育需求，導致家庭的收入難以提升；由於缺乏積蓄而晚景淒涼，連基本需求都難以滿足，包括食物。換句話說，低收入的新加坡人尤其缺乏幸福感和保障。

隨著人口老化、家庭結構逐漸縮小、資本主義危機加劇，以及所有工作都不再穩定，我們必須面對的現實是，人們愈來愈需要社會保障；換句話說，儘管本書的重點一直放在收入最少的人口身上，但是那群人面對的不安全、不穩定的狀況，並沒有與其他人隔絕。根據在世界各地看到的景象，我們再也不是在談論少數人的景況，問題也不會自行消失。[17]

我們必須正視有差異的應得，才能適當滿足所有人的需求，原因至少有二：首先，也是最明顯的，倘若社會政策的基本原則隱含有差異的應得，資本主義所引發的不平等就無法獲得緩解，甚至會因政策而加劇；換句話說，只要獲取公共財的能力存在極大差異，並且很大程度取決於一個人在資本主義經濟中的地位，一個人參與市場的優勢或劣勢，就會反映到他們與公共財的互動上。此外，事實證明這樣的差異，也迫使人們展現出特定的「家庭」性別角色和性取向。隨著愈來愈多人基於各種與社會保障和福祉相關的原因，延後結婚、拒婚、離婚及降低生育率，持續固守僵化家庭形式的政策，必然無法滿足實際需求。

我們必須仔細檢視有差異的應得的第二個原因是：正如我先前指出的，國家政策不僅造成歧視，也會引發特定的分類、個人的價值取向和感受，影響政治改革。這種治理模式不僅不利於社會凝聚，更可能因為爭奪利益而導致社會分裂，同時形成極度重視個人的社會，其成員接受某些人應得的更多、某些人應得的較少。這樣一來，改革就不會導向擴展社會福利，部分原因正是受到目前福利措施影響的「社會」。

為了滿足需求、讓社會變得更美好，我們必須整合分裂的意識形態：一邊是相信群體利益比個人利益重要；另一邊是適者生存，照顧家人優先。

為了解決社會的不平等問題，以及財富、權力、尊嚴和困境分布不均的現象，我們不能只做顧客。

顧客可以體諒其他顧客嗎？不，我們不能。

[17] Standing（2011）。

第七章

Needs, Wants, Dignity

需要、想要、尊嚴

社工邀請一對兄弟（十歲和九歲）參加許願計畫，只要是九十新加坡幣（臺幣一千八百九十六元）以下的禮物都可以。幾個月後，他們會得知有無慈善機構認養他們的願望。

我問社工是不是所有願望都能實現，他告訴我一些常見的問題，像是有人堅持捐贈實物，而非現金，因此有時送來的禮物並不完全符合孩子心意，去年就有一個男孩收到的禮物是他沒那麼喜歡的粉紅色背包（他要求的是紫色）；此外，等待願望實現的時間長達四個月，許願時想要的東西，到了獲得答覆時，也許已經沒有那麼需要；此外，大約八〇%的願望能夠實現，代表二〇%的孩子遭到拒絕。遇到這種情況很令人難過，因為孩子在許願時都很興奮，最後卻只能看著其他孩子得到禮物。也許在別人眼中，他們的要求沒有那麼「值得」；也許社工替他們寫的故事不夠吸引人；也許他們的願望不被視為「需要」，而是「想要」。

想要經常是需要。

L繪製的素描，2017年。

我去拜訪的那個午後，弟弟很快許好願望，他不像哥哥那樣猶豫不決。「足球鞋，」他馬上說：「我朋友都有。」他在學校踢足球，教練問他為什麼沒穿足球鞋，他的所有朋友都有穿。我們花了幾分鐘確認尺碼，媽媽拿出捲尺測量他的腳，還去檢查他目前上學穿的鞋子尺寸，最後討論鞋子大約會在何時收到，考量接下來幾個月他的腳可能長大多少，畢竟我們是在八月討論聖誕節的事。社工問他最喜歡什麼顏色、寫下他的偏好。忙亂一陣後，男孩補充，他也想要長襪，另外還用雙手比劃一種特定類型的鞋袋。他說得這麼明確，顯然是因為參加足球課外活動課程（CCA）的很多朋友都擁有他描述的這些東西。

兩個男孩都非常認真地看待這次機會，尤其是哥哥，他的臉上掛著微笑，看得出來他很開心能夠許願，不過他馬上開始沉思，仔細斟酌各種選項。他坐在地上，抬頭望著母親，想知道他的決定是否正確。

媽媽同樣認真看待這次機會，她希望孩子的願望能夠實現，不過也想確保禮物夠實際，是他們迫切需要、經常會用到的東西。她先建議實用的物品：游泳褲。男孩沒那麼想要，我已經有泳褲了，他低聲咕噥。媽媽提出這個建議，是因為弟弟沒有合適的泳褲，但是弟弟很快就許願想要足球鞋。不過她看到大兒子帶著一絲失望、不情願的表情，就不再堅持，任由他自己決定。最後哥哥說想要羽毛球拍，因為他們的羽毛球拍已經快壞了。

媽媽希望孩子願望能夠實現的心，和孩子的渴望一樣強烈，甚至更加強烈。我遇到很多像她一樣的父母，提到自己盡可能為孩子買好一點的東西，像是特定品牌的背包、特殊款式的水壺、足球專用鞋。不是隨便的袋子、水壺、鞋子，而是孩子想要的特定商品。任何做父母的都知道，莫娜（Moana）和凱蒂貓（Hello Kitty）不一樣、蜘蛛人（Spiderman）和皮卡丘（Pikachu）不能互換，背包不僅僅是背包。

低收入的父母告訴我，買不起孩子想要的東西，會覺得很對不起孩子；他們提到如果有額外的現金，會如何花在孩子身上，但是又不能讓這種事成為常態；他們避免穿越購物中心，才不會感到沮喪、內疚，覺得孩子很可憐。

我們都有想要的東西：剛出版的新書、好看的皮夾、新鞋、新手機；我們都有需要的東西：剛出版的新書、好看的皮夾、新鞋、新手機。

我們需要那本書，因為身邊的朋友都有，而且大家都在討論；我們有皮夾，但是已經太舊，帶出去有點尷尬；我們不能每天穿同一雙鞋上班，因為同事會發現；擁有新手機，讓我們感覺自己跟得上時代的腳步、沒有落伍。

我們經常視為想要的東西，在特定條件下其實是需要，也就是社會學家艾莉森・普格（Allison Pugh）研究發現的**尊嚴的需求**（dignity needs）[1]。這些事物讓我們感受到自己能夠融入在乎的群體，我們從這些群體中得到尊重、接受與關愛。正如普格著作的標題《渴望與歸屬感》（*Longing and Belonging*）所暗示的，我們渴望某些事物，是因為希望得到歸屬感。

鞋子、衣服、背包、鉛筆盒、貼紙、水壺、玩具，這些東西中有很多並非僅具有客觀價值的物品，而是讓孩子能夠參與並融入社會群體，同時結交新朋友、維繫老朋友的橋梁。在不同社交環境下（學校、足球練習、補習班、出遊），孩子擁有大部分人都擁有的物品，使他們能夠融入其中，成為群體的一分子，不會格格不入。

家庭收入有限的孩子和高收入家庭的孩子一樣，需要擁有朋友都有的東西，才能像大家一樣融入群體，包括在特定時間和場合擁有「對的」鞋子、背包、玩具，以及成年人眼中沒有太大用處的東西：指尖陀螺、寶可夢卡片、史萊姆（slime）。我的受訪者希望實現這些願望，即使稍縱即逝，讓孩子開心、看到孩子的笑容，是成為好父母的重要元素。低收入父母不會也無法實現孩子所有願望，但是他們了解這些東西對孩子來說有多重要。

有時尊嚴是以一雙黃白相間足球鞋的形式出現。

❶ Pugh（2009）。

第八章

Dignity Is Like Clean Air

尊嚴就像乾淨的空氣

這些年來，很多受訪者提到他們和別人互動的小細節。某人做了這件事以及那件事；某人這樣對我說，我那樣回覆；某人是華人／馬來人／印度人、年輕人／老人、男人／女人。他們描述和鄰居、朋友、家庭成員的互動，與雇主、同事、老師的對話，以及和社工或社會服務組織聯絡的過程。

一名寡婦告訴我，她都待在家裡，把門關上，因為擔心和男性鄰居聊天會引起流言蜚語，而且以前就發生過這種事；一位父親告訴我，他很氣兒子的老師，因為她毫無證據，就指控兒子做了某件事；有兩名幼兒的母親告訴我，她再也不會去（某間社服機構）尋求協助，因為她上次去的時候，那裡的工作人員只叫她去找工作；一名男性提到某個特定族裔、短髮、年紀不大的社工，光是回想起她的語氣就令他惱火；有人告訴我，她辭退薪水較高的工作，去做薪水較少的工作，因為主管和同事對她大呼小叫。

進行質性研究（qualitative research）[1]的人會注意到這些故事。起初似乎沒什麼特別，但是時間一久，我開始發現類似的模式：互動時間通常很短，不超過幾分鐘，有時發生在很久以前。他們告訴我這些故事，主要是為了舉例解釋他們現在為何如此做決定和行事。這些相遇雖然短暫，卻意義重大。我逐漸了解，人們討論這些細節，是因為這些互動雖然短暫，或發生在很久以前，卻傷害了他們的感情。這些互動讓他們覺得受輕視，他們想避免再次經歷這種感覺。

許多人聽到我研究新加坡的貧困問題都表示驚訝，他們說這裡看不到窮人，不像其他城市，有很多人無家可歸、在街頭行乞。的確，每次到其他城市，我也會注意到夾雜在摩天大樓、西裝筆挺人士和星巴克（Starbucks）咖啡杯間的流浪漢。另一方面，隨著愈來愈了解新加坡低收入者從事的工作，我開始發現低收入者時常出現在新加坡人的日常生活中。在租賃組屋遇到在我購物的連鎖店上班的收銀員、我常去的加油站服務員、貨運公司的送貨員，最多的是辦公大樓、住家、大型購物中心的清潔人員，那些都是我經常去的地方。在生活中注意到低薪勞工後，我逐漸發現，我們說新加坡看不到窮人，部分原因是他們的存在被掩蓋，另一部分則是因為我們沒有認真去看。

開始留意從事低薪工作的人後，我發現一些現象：很多人即使與他們直接互動，也時常對他們視而不見；顧客通常不會向收銀員打招呼，或是和他們有眼神接觸；上班族和大樓居民經常側身避開清潔人員，彷彿他們是隱形人；駕駛在車道間超車，切到摩托

❶ 譯注：或稱質化研究、定性研究，為社會科學及教育學領域經常使用的研究方法，民族誌研究、論述分析、訪談研究都屬於這類研究。

車和送貨車前方；主管和顧客對他們大呼小叫，這就是低薪勞工的現實，最好的情況是如同隱形人般遭受忽視，最糟的則是遭到喝斥、不受尊重。在了解人們為何記得並提起看似微不足道的小事前，我們必須知道這個背景。

何謂尊嚴？是受重視、被尊重的感覺，是自尊心和自我價值感。一個人在每天的生活裡如何及多常感受到被尊重？

例如，我的尊嚴來自於任何一天都有許多人稱我為「教授」，無論是透過電子郵件還是當面稱呼，我覺得受到尊重和重視，因為我的職稱和薪水透露出我做的事很重要、我理當得到回報。如果一天沒上班，也不會有人威脅要扣除我的薪水；工作時從來沒有人對我大呼小叫。一天下來，從家裡到辦公室、教室、會議室、超市、加油站，人們不會對我視若無睹，而是和我眼神交流。他們微笑、向我問好、感謝我、和我道別。我站在收銀臺前，收銀員和我打招呼，我付錢之後，她向我表示感謝；我是否對她回應由我決定，但尊重客人是她的職責。

尊嚴就像乾淨的空氣，除非短缺，否則我們不會注意到它的不足；你不會發現自己多需要尊嚴、尊嚴對你來說有多重要，直到你失去它為止。教授、銀行家、律師、醫師、政策制定者、部長、執行長，雖然身處不同行業，不過我們對尊嚴的需求都持續獲得滿足，以至於我們必須刻意記得那是每個人共通的需求。過著低收入生活的人，每天都要面對微小的無禮和不尊重；每天都在和尊嚴與缺乏尊嚴奮鬥。

要求申請人提供十份文件，來證明他們「真的很窮」有什麼問題？我們為何不該不假思索地叫尋求援助的人找工作、把孩子送到托兒所？把「協助」設計為只針對極少數人，又有什麼問題？

我的受訪者為何會回憶那些看似微不足道的怠慢？為何一件小事對一個人會造成這麼大的影響？

這些問題的關係密不可分，而且都和尊嚴有關。在尊嚴需求沒有獲得滿足的社會環境下，與公家機關的互動通常會加深，而非減輕這種受到蔑視的感覺。

我發表演說時，尤其在聽眾包含公務員在內的場合，經常聽到的問題是：他們為何不尋求協助？我們有那麼多的社服機構、那麼多的專人協助，有那麼多的計畫、舉措、方案，怎麼能說低收入者缺乏尋求協助的管道？

≠

這篇文章不是在討論禮貌，或者人們該如何更尊重低收入者，儘管這些事情顯然也很重要。

我必須在此事先申明，社會工作者是我遇過最善良的一群人。過去幾年中，我與許多社服機構的人接觸，包括社工、諮商師和行政人員，他們都十分慷慨、友善、誠懇。許多人選擇這個行業，就是因為希望回饋社會、幫助境遇較差的人。在這個領域裡，我們很可能已經有最合適的人才。儘管受訪者告訴我，不少令他們印象深刻的負面互動經驗，但是如果單純把問題歸咎於無禮或不夠體貼的員工，我的分析就不可能完整。考慮到我對社會服務工作者的了解，這麼做絕對有失偏頗，也很不公平，我們反而必須後退一步、檢視大局。

低收入者把重心放在與他們互動的特定對象，是因為個人的體驗在我們心中必然超越其他印象，他們看到的不是整個組織，而是個人；他們不是與抽象的「制度」互動，而是和活生生、會呼吸，坐在櫃檯另一邊的人。但是從研究者的角度，聽了那麼多的故事和不同觀點、看到反覆出現的問題，我發現原因呼之欲出：這不是關於人有多壞，而是制度出了問題。

因此，我們要問：在我們的社會福利制度裡，有哪些元素會傷害尊嚴？要回答這個問題，必須先仔細檢視制度的結構與制度背後的概念。

把貧窮視為例外

「自力更生」和「家庭是第一線支持」原則，明確表明新加坡沒有普遍享有的權利。公共住房、醫療保健與退休後的保障，主要取決於工作和儲蓄的能力，以及能否透過婚姻組織家庭。[2]倘若無法工作或維持這種定義的家庭，就要仰賴「多方援手」，這是指家庭與「社區」間的夥伴關係。

在這樣的框架內，無論是象徵意義、推論或實際內容，「貧窮」都被標記為極少數的例外。

在象徵意義和推論方面，新加坡人通常被描述為多半是中產階級、生活舒適，而貧困則是極少數的例外。[3]儘管了解國人必須非常辛苦才能滿足住房、醫療等的需求，政府官員仍然堅稱，一般新加坡人**只要有工作**，這些需求都能獲得滿足。

這種把大多數新加坡人定義為自力更生（透過從事有薪工作）和中產階級的方式，伴隨將之轉化為事實的具體政策。儘管政府沒有制定貧困線，[4]不過針對貧困人口的社會

[2] 參見本書第六章「有差異的應得」。

[3] 參見Chua與Tan（1999）；Lim與Lee（2012）。

政策是，將目標群體訂為月收入低於一千九百新加坡幣（臺幣四萬零三十三元）或人均收入低於六百五十新加坡幣（臺幣一萬三千六百九十六元）的家庭。主要援助對象是新加坡收入最低的一〇％家庭（公民和永久居民），並關注由於年老或慢性疾病而無法工作，也沒有家人可以依靠的人。

設立標準並調查經濟狀況，包括收入、就業能力和家庭條件，將極少數家庭標記為「貧困家庭」，代表許多家庭，例如最低的三〇％，沒有納入公共支援體系。由於各種政府補貼都是針對最低收入者，在這個不斷稱頌財富和經濟成長的社會環境下，申請和接受公共援助成為一種恥辱。政府沒有建立貧窮線，卻透過標準非常嚴格的經濟狀況調查，將特殊的少數群體標記為貧窮、需要幫助的對象。

設置專門協助「窮人」的機構，進一步加深貧困和低收入者是極少數、例外的形象。「社區」的「多方援手」如果不是公家單位，就是政府發起的組織，包括社會及家庭發展部（Ministry of Social and Family Development, MSF）、國家社會服務委員會（National Council of Social Service, NCSS）、人民協會（People's Association, PA）、五個社區發展理事會（Central Development Council, CDC）、二十多個社會服務辦公室（Social Service Office, SSO）、近五十個家庭服務中心（Family Service Centre, FSC），以及許多其他志願性社會福利組織（Voluntary Welfare Organization, VWO），和不同族群的自助團體

（Self-Help Group, SHG）。

這些組織在監管（對於接受公共援助的對象和提供服務的機構訂立政策）、提供資金（制定並分配預算），與服務類型（例如諮商、財務援助、管理計畫）方面扮演不同角色。MSF、NCSS和PA（以政策制定者、監管和出資者的角色），對於提供服務的機構（CDC、SSO、FSC、VWO及SHG）的日常運作和工作目標，有很大的影響力。

一長串刺耳的縮寫，帶來的結果是一定程度的分工。每個機構都有特定職責，並透過取得資金的規則和「關鍵績效指標」來究責。儘管部分服務重疊，但基本上不同機構都要負責一小部分範圍的方案和計畫。因此在構思解決方案時，這些機構的人會從狹義的角度檢視「問題」，有時將之拆解為不同部分，並從短期的角度思考。[5]

他們沒有按部就班地檢視貧困的起因，也沒有提供這麼做的條件和平臺，而是專注於為自己負責的部分進行故障排除，意思是制定解決方案，而非重新定義問題。他們

---

❹ 二〇一三年，連氏社會創新中心（Lien Centre for Social Innovation）的研究人員提議建立貧窮線後，立即引發不同政府官員公開反對。參見Basu（2013）；Chan（2013）。

❺ Irene Ng（2013）也指出，社會服務機構存在分工的現象，她認為這會導致部分家庭「遭到遺漏」。

的職責是協助被歸納為特定類別的人，每天的工作目標是處理個別案例。由於被指派的任務是使用手上的預算「協助」特定人士，他們沒有權力或資源解決範圍更大的制度缺失，只能處理一小部分群體的問題。設置這些專門機構的目的，是將「窮人」問題與更廣泛的取得和分配重要公共財不均的問題區隔開來，而非正視和解決這些弊病，例如由於剝削外國勞工，造成普遍低薪現象，以及教育制度不平等，降低向上流動的機會。

值得注意的是，中高收入階層的問題是根據不同概念處理，與針對極低收入者的制度和政策相去甚遠，政府鼓勵生育的態度就是最好的縮影：以減稅、外籍家庭幫傭政策和帶薪產假，鼓勵教育程度較高的高收入女性生更多寶寶，另一方面則以所謂的「買房加教育計畫」（Home Ownership Plus Education〔HOPE〕Scheme）提供低收入女性經濟誘因，控制生育數量。[6]

無論是否有意，設置和分配只處理一小部分群體的專責機構與人員，結果是將貧困問題與**公共**財和公民權利的議題區隔開來。

這麼一來，其他解決貧窮和貧困複製問題的政府機構因此免疫，不用直接處理**其**政策可能如何加劇和複製貧困。社服機構逐漸壟斷討論貧困的領域，雖然其方向是「協助」（或者正因如此），這些機構介入的邏輯加深**視貧困為例外**的想法。

貧窮是可以容忍的

每次與社會工作者訪談，紀錄的開頭總是：「她／他非常友善、善良、慷慨。」與社工交談幾個月、類似反應不斷出現後，我發現兩件事：第一，在新加坡這種反對福利主義的制度下，很大程度要依賴社工出於善意地全力協助；第二，重要的是，**儘管**社工慷慨、善良，案主仍然過得很辛苦、受盡煎熬。我因此察覺到，社會福利機構的組織和方案設計的方式，都把援助規劃得吝嗇、有條件，而且無論對服務對象和社工都有很多限制。

站在新加坡反對福利的立場，貧困是可以容忍的。這樣的寬容**並非**代表社工的情緒，而是制度上、政府機構的容忍，導致社工很難讓案主的生活有太大轉變。

這是如何運作的？

什麼人、如何執行及執行的內容都受到各種政策和法規影響：誰可以獲得協助、誰可以提供服務；提供服務和接受協助的人如何經歷這些程序；由於政府在這方面的支出

❻「買房加教育計畫」為低收入及教育程度較低的已婚夫婦（或有子女監護權的離婚／喪偶女性），提供住房補貼和各種補助，條件是只能生兩個孩子。申請人如果接受不可逆的絕育手術，就能取得該計畫最多的福利。

相對偏低，因此必須極度依賴這個領域的人員與志工的善良和慷慨。儘管本意良善、工作認真，但社工能夠提供的資源、計畫和方案範圍都非常有限。事實上，他們必須遵守的法規和標準，都在確保協助對象只能獲得少量、有條件、有限的援助，不足以解決長期的問題。

援助低收入者的計畫，在設計時蘊含的假設是：只要一有機會，低收入者就會占便宜；必然有人想白吃白喝；過多的援助會導致人們不努力工作、不願「自力更生」。

例如，家庭服務中心的社工可以運用的一種方案叫做「海峽時報學校零用錢基金」（Straits Times School Pocket Money Fund），一般簡稱為SPMF，資金是由新加坡的主要報社《海峽時報》（*The Straits Times*）籌募，負責管理的是家庭服務中心、特殊／職業學校（Special/Vocational Schools）和兒童之家（Children's Homes）的社工。SPMF的資助對象為，家庭人均月收入低於四百五十新加坡幣（臺幣九千四百八十二元）的就學兒童。小學、初中、高中生每個月分別拿到六十（臺幣一千二百六十四元）、九十五（臺幣二千元）和一百二十（臺幣二千五百二十八元）新加坡幣的零用錢。假設每個月的上學日有二十天，就等於每天是三新加坡幣（臺幣六十三元）、四．七五新加坡幣（臺幣一百元）和六新加坡幣（臺幣一百二十六元）。加入該計畫前，社工必須對申請人進行詳盡審查，包括確定孩子是否固定上學。審查期間，社工要進行家訪，評估申請人是否符合資格；另外，每三到六個月都要重新審查一次。大多數學童只能參加計畫兩年，儘管「長期案例」也許可以領取四年。社工告訴我，他們經常建議客戶間歇性使用SPMF，以盡可能延長符合資格的時間。

SPMF對低收入人士來說是重要的援助形式，也可能是家庭服務中心能提供的最穩定援助資金。令人意外地，它的特點和其他財務援助計畫差不多：金額固定，援助非常有限；必須接受密集審查，案主得讓社工到家裡拜訪探查，並定期提供工作紀錄、家族資料等；這類監控和審查過沒多久又會重複；若想持續待在計畫裡，必須展現紀律和特定作為。

為何這個例子會顯示出，在官僚和制度上貧困是可以容忍的？這項援助的金額有限，但是對案主來說很重要，告訴我們這些家庭窮困之至。這已經是相對而言比較容易取得的少數援助之一，卻仍然是有條件、有限的。為了符合領取這麼一點錢的資格，低收入者必須持續接受審查、遵守規定。政府沒有探究為何富裕社會有如此嚴重的貧困問題，而是把重點放在有這樣**需求**的人身上，以及他們的**表現值不值得**領取這筆微不足道的援助。我們因此得知這些旨在「協助」的機構，內部蘊含的邏輯是他們**知道**有這些人存在，並對這種極度貧困和艱苦的狀況高度容忍。換句話說，這些不是所謂的「被遺漏」的人，而是制度裡的人**知道**他們情況糟到願意回答各種私人問題，好讓孩子午休時有錢吃飯，這既是對艱困生活的容忍（無法滿足孩子的基本需求），也是在容忍他們尋求協助時遭遇的困難（放下尊嚴，讓人探查自己的生活，以換取一點點錢）。這個例子說明新加坡精心校準、有條件的援助動態：一個人必須走投無路才能獲得協助，即便那樣，制度還是持續容忍這種受苦的狀態，因為援助可能遭到拒絕、中止，最後被奪走。

第二個例子進一步說明這些機構如何容忍貧苦：在這裡，不符合標準的人基本上完全受到忽略、沒有包含在制度內。完全被排除在外的人中，人數愈來愈多的就是「外籍新娘」，她們是與低收入男性公民結婚的女子，不具公民或永久居民身分。[7] 根據新加坡的移民政策，學歷低的人不太可能申請到永久居留權或公民身分。社工在服務的社區裡，看到外籍新娘人數逐漸增加，可是幾乎無法為她們做任何事。為了提供援助，社工必須努力尋找她們與新加坡人的連結，例如她們的配偶，或是在某些情況下，子女如果有公民身分，可以替她們申請援助。假使她們與配偶離婚，或是沒有具有公民身分的子女，社工幾乎就無能為力。有些人會設法替她們張羅配給的食物或捐贈的物品，但通常這就是極限，他們替這些女性感到難過，也努力幫忙，不過到最後還是無法將她們納入援助系統。

制度對於貧困的容忍，來自於政策制定者為社工和社會服務組織設定的目標與法規。我與社工聊天時，他們經常提到「關鍵績效指標」。這些機構的主管發現做事綁手綁腳，還得承受來自政府部門與其他資助者的壓力；隨之而來的結果是，員工必須在特定時間內生產和處理一定數量的案件。社工必須思考自己經手的案件數量，更重要的是，多少案件能夠結案。根據社工的說法，結案可能代表特定的家庭暫時脫離危機，也許是找到工作。然而，低收入家庭面臨的問題通常不只一個，也沒那麼單純，而且是相互影響，包括無法還清的貸款、家人關係不佳、缺乏穩定就業的文憑、兒童或青少年的叛逆行為、藥物濫用、家庭暴力等。[8]一般而言，比較明顯的問題暫時解決後，例如原本失業的人找到低薪工作，社工就可以結案，不用處理持續、長期的挑戰。**結案**數量是成功的指標，等於滿足「績效」和關鍵績效指標，這種做法導致機構愈來愈能夠容忍低收入者艱困的處境。

要了解社服機構如何容忍貧困不斷複製，必須檢視這些機構的分工方式。較大筆的援助資金原本是透過社區發展理事會分配，自二〇一三年改由社會服務辦公室分配，而案例和諮商則是由家庭服務中心或其他志願性社會福利組織提供。雖然不同機構會一起

[7] 關於這類跨國婚姻的分析，參見Jongwilaiwan與Thompson（2013）。
[8] 亦可參見Ng（2013）。

召開案例管理會議，但這種分工方式造成的影響是，分配財務援助時缺少一分人性。真正與家庭緊密合作，因而了解其中複雜的問題、希望替他們爭取資源的員工，通常不是分配社區關懷基金（ComCare Fund）的人。[9] 這種區隔和分工的結果是，分配援助者可以容忍一群人反覆陷入掙扎與痛苦的狀態。

至於與援助對象直接接觸的各種組織為何必須遵守法規，以及他們為何不能重新思考問題和擴大「需要幫助者」的範圍，明確地說，是因為在這個領域裡，金錢就是權力。社會及家庭發展部是主要資助者，制定組織的職責、安排人事，並強迫這些組織藉由實施計畫爭奪資金。志願性社會福利組織為非營利機構，這些機構要存在，就必須遵循社會及家庭發展部的規定，以及其政策背後的假設、執行他們訂立的優先事項。在這些機構做事的人必須容忍援助對象受苦，因為替代選項更糟：這些組織根本不存在、無法幫助任何人。

總之，社服機構的員工必須將容忍貧困納入工作的一部分，並且形成制度。這與社服工作者的想法和情緒無關，事實上，如果有關的話，根據我認識社工的慷慨和友善程度，必然會對低收入者投注更多感情、提供更多協助。相反地，援助的金額、納入援助資格的標準，以及評估和審查的規定，反映出對辛苦生活的高度容忍。根據社工表示，許多貧困家庭長久以來無法獲得滿足的需求，很少能以長遠的方式解決。[10]

貧窮是個人的「心態」問題

專責機構和人員解決問題時，主要是把貧困歸咎於個人的問題，基本上符合新自由資本主義國家崇尚的個人主義和有差異的應得。[11]社工必須按照機構的既定程序做事，這些程序通常將個人的問題視為「心態」和「行為」的結果。社工內心的一部分也認為，貧困源於態度和行為，他們明白狀況不太可能大幅改善，但是必須為日常工作訂立目標，因此會不自覺地尋找個案「心態」的變化。在缺乏資源的環境下工作，除了援助有限外，個案還必須符合狹窄的標準，提供服務的組織和人員深知這一點，在這種情況下，他們很自然地會尋找個案的心態是否展現出應得的跡象，才能決定如何分配稀少的資源。此外，引導他們做事的程序也確認這種做法。這些做法都是基於相信解決貧困問題，應該改變**他們**的態度、**他們**對自己的看法，以及**他們**與世界的關聯。[12]

為了清楚說明，我來描述一下個案第一次走進家庭服務中心的情況。首先，他們

[9] 社區關懷基金的相關資訊，參見社會及家庭發展部（2017）。

[10] 制度上對苦難的容忍，或許也能解釋受訪社工告訴我的高離職率。他們經歷的「工作倦怠感」，似乎一部分來自於覺得自己已經這麼努力、很希望幫忙，卻看到協助對象持續在困境中掙扎。制度可以忍受，社工卻通常無法承受。更多資訊參見Ng等人著作（2008）。

[11] 參見本書第六章「有差異的應得」。

要通過所謂的「I&R」，也就是資訊與轉介服務（Information and Referral），又稱為「接案」（Intake）。工作人員會詢問他們的基本資訊，包括家人和家庭狀況，例如對方與家庭成員的就業情況和收入，以及他們是否正接受或曾經接受援助。工作人員也會了解他們來家庭服務中心的原因，以及如何提供轉介協助。如果有必須深入干預的事件或問題，而且無法轉介到其他組織，社工就會當場或在下一次會面時，繪製「家系圖」（genogram）和「生態圖」（ecogram），評估他們的家庭成員，以及他們和社區互動的關係。社工的角色是釐清個案與其他人的關聯，找出他們可以運用哪些資源，以及可能符合的計畫和方案。家系圖和生態圖也有助於了解求助者是否已經用盡其他選項，這是分析個案是否具有「正確心態」、有沒有想「獨立」的最初衡量標準。

社工進行家訪時，又會進一步評估。由於自力更生和獨立是機構的基本原則，因此社工的責任是尋找這方面的跡象。首先，短期內有限的援助，代表個案從尋求和獲得協助的那一刻起，社工的任務基本上就是努力讓他們脫離援助。援助並非長期解決方案，而是修補式、快速的處方，只足以協助個案暫時度過危機。因此，我們可以理解社工為什麼會立即尋找改變的跡象，檢視對方是否朝著「自力更生」的方向前進。

一名社工如此形容他們的目標（和障礙）：

我想，身為社工，我們一直想**幫助人們自助**，你知道的……這是最終的目標。因此，有時候你知道對方沒有真的**努力**時會有點氣餒（粗體是我另加）。

另一名則突顯出，社工為何從一開始就必須強調透過工作自力更生：

我很抱歉這麼說，不過只有你沒手沒腳，政府才會幫你，但是即使那樣，他們提供的協助也只是最基本的生存。就只有這樣。但是如果你有手有腳，就最好去工作，而且今天即使你沒手沒腳，也可以打電話，所以還是能做事。你一定要工作。

由於援助稀少，社工也必須找出「真正有需要的人」。這點從不同方面透露出來，例如在與社工聊天時，很多人提到電視的事。他們告訴我，無論看似多貧窮，已經沒錢買食物、付房租和支付帳單，很多人的家裡居然有平面電視。他們說有些人會用分期付

⓬ 這種現象並非新加坡獨有，正如穆蘭納珊（Mullainathan）和夏菲爾（Shafir）在二〇一三年出版的《匱乏經濟學》（*Scarcity: Why Having Too Little Means So Much*）所指出的，美國人普遍認為窮人的問題與他們的想法、行為舉止，以及無法做出正確決定有極大關聯。

款購買電視，而且可能拖欠帳款。其中的潛臺詞是：如果買得起平面電視，你要不是沒有宣稱的那麼窮，不然就是更嚴重的，你的金錢觀有問題。我**不是**指社工對個案可能有差別待遇，因而導致截然不同的結果，但是有鑑於受助對象在各個階段都必須仰賴社工是否願意聯絡不同機構，並安排額外家訪，指導他們如何取得援助，社工的積極程度、態度好壞，都難以避免地影響他們為特定個案或家庭發聲的程度。展現正確的「心態」可能代表多一點推力，讓社工為他們多施那麼一點力。

根據社工的描述，大多數人的問題深層而複雜，很少人在接受援助後情況立刻好轉，這一點也不令人驚訝。但是，社會工作者必須在短時間內審查並重新評估案件。這會發生什麼事？他們要檢視什麼？如果必須符合制度的期望，要求審查時看到改變，就只能尋找個案有沒有微幅調整的跡象。一旦看不到真正的改變，社工就不得不從主觀的角度檢視受助對象。在這種情況下，他們會尋找具有「正確心態」、願意改變的人，其中最主要的就是找工作的意願。

有個社工向我描述一名不想工作的媽媽，雖然那樣她就有資格獲得托兒中心的補貼。社工表示：

> 他們要求財務上的援助，卻沒有真正努力解決自己的問題。

她對於個案沒有在接受援助後，展現出正確的心態感到沮喪，她想看到的未必是脫胎換骨的改變，而是「努力」的跡象。我完全可以理解她的沮喪，身為老師、教授，我們也常說希望學生不光是吸收知識，也要展現出認真學習、致力理解的態度，但是我必須指出，學生有很多年的時間可以證明自己，許多人上完一門課後知識就會增加，然而受助對象不太可能在援助期結束後「取得成就」、經濟狀況大幅改善，因此他們是否「努力」，就成為有沒有改變的唯一線索。審查期過短，使得社工必須尋找這些蛛絲馬跡，儘管他們明白援助的效果有限。

因此，雖然社工明白案主的問題深層而複雜，也同情他們找工作面臨的各種挑戰，但是社工所處的環境，讓他們必須把心力集中在個案對問題的反應。相較於強調制度的問題和局限，他們不斷回頭檢視對方的心態。以下篇幅較長的引文可以說明這一點：

因為我都告訴我的案主，你知道的，依賴政府或志願性社會福利組織很容易，但是你必須想想，它們給你的錢並不多。學校零用錢是多少？小學生每個月五十五新加坡幣（臺幣一千一百五十八元）、國中生每個月九十新加坡幣（臺幣一千八百九十六元），你從我們這裡得到一百多新加坡幣（臺幣二千多元），你出去工作就有一千新加坡幣（臺幣二萬一千零七十元）。多了多少倍？你不但可以養家，還能存錢，而且可以替家人買東西。我的意思是，你從我們這裡拿一百五十新加坡幣（臺幣三千一百六十一元），拿兩年，相較於你去工作，得到八百新加坡幣（臺幣一萬六千八百五十六元），你會有更多錢。所以有時候你必須讓他們了解，如果我去工作，收入會更多。你知道嗎？而且我可以賺錢養家，不用依賴志願性社會福利組織和政府的補助券。有時候他們沒有從這個角度去看。我的意思是有時候他們只是，我不知道，因為他們的兄弟姊妹都這樣，他們的父母也一直這麼做，或者他們的親戚都這樣，所以就變成常態。你知道嗎？如果我沒錢，不會先想到要去找工作，而是去家庭服務中心還是某個政府部門。**所以重要的是改變這種心態，讓他們知道如果能夠自力更生，就可以賺更多錢，而且小孩不會追隨你的腳步。你知道嗎？**因為我們真的看到事情這樣一代一代重演。沒錯，小孩輟學，你看到這樣的情況不斷循環。**沒錯，我覺得真的很不容易，要改變這些人的心態。**（粗體是我另加）

社工知道援助稀少而有限，因此會尋找個案有沒有試著獨立的跡象，主要是透過工作。如果對方「不夠努力」，他們會感到灰心。由於心態、想法和價值觀不可能一夕間

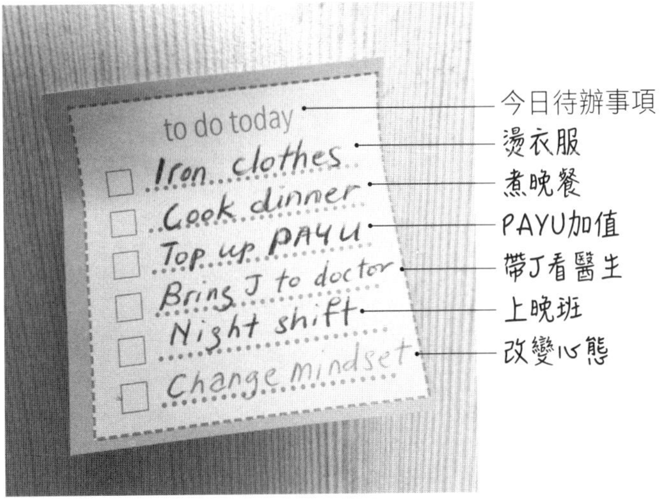

發生太大變化，問題如果持續發生，仍然可以歸咎於個人的心態，這讓他們看不清楚、甚至看不到福利政策的限制。

≠

過去幾年裡，向不同聽眾發表研究時，我發現這種關於低收入者必須改變心態的想法非常普遍。一般大眾如此認為，不過最明顯的是公務員或政策制定者。聽到我談論遇到的人多認真工作，卻如何走投無路時，有些人會堅持把話題轉移到那些「就是沒有動力」自食其力的人，他們擔心我對制度過度責難，而不是提供低收入者「能動性」。他們希望我進一步談論這群人，要我建議如何將他們「輕輕往前推」，讓他們展現出特定作為。他們想知道：我們可以做些什麼，才能「賦權」給低收入者，讓他們自力更生？

這種想法的問題（不是無能為力者的想法，而是相對而言有權有勢的人），在於權力並非一種心態，而是實質的條件。掌權者之所以強大，不是因為他們感覺自己獲得授權，而是因為他們**擁有**權力。他們得到授權的感覺是實際擁有權力的結果，不是原因。一個人可以想（事實上，與我交談的許多低收入者都這樣想）：「我可以做到，我要努力。」但實際情況是，假使一個人缺乏力量：無法掌控時間、在勞動市場缺乏影響力，或是無力與主管、老師、社工、房東、債權人商量，光是改變對自己的看法，也無法改變這些現實。

激發動力、正確的心態和能動性，這些都只是干擾，導致我們無法將貧窮與不平等連在一起；誘導我們轉過頭，不去正視制度不斷複製貧困的事實。每次被問到這些問題，我都會想，這實在很諷刺，我們的確**有**所謂的能動性，也就是一群人設計的制度，而這些人中卻有許多都認為低收入者的問題在於心態不正確。

尊嚴的需求

在新加坡，申請財務援助是可恥的行為。[13]這些計畫很明確地定義為替少數人提供的特殊計畫。根據世界各地的社會政策研究，我們得知一項計畫如果是特殊計畫，而非普遍適用的方案，尤其對象是收入最低的一群人，就會伴隨著汙名。[14]汙名和尊嚴正好相反，它使人感到羞愧、覺得自己不如人。相較於嬰兒花紅，向社區關懷基金尋求協助，更會令人感到羞愧。我看到有些人已經窮途末路，卻堅持自己「還過得去」，告訴我寧可想其他辦法，也不願去社會服務辦公室求助。

過程很重要。

以下歸納出人們告訴我不願尋求協助的原因：他們會從頭問到尾，詢問我各種私人問題；他們叫我帶十份不同的文件，然後如果其中一件是錯的，我就得再去一次；我沒時間做這些事，因為我要工作、接孩子放學、煮飯、做家事；我必須在家陪伴孩子，我不希望他們像我一樣誤入歧途，但是上次去那裡，工作人員只叫我去找工作；我最後什麼都做對了，資格也符合，他們提供一點點協助，我對此很感激，但是這只能幫助我度

---

[13] 前面段落描述的是家庭服務中心的流程，該機構的員工皆為社會工作者。如同先前所述，家庭服務中心能夠提供的金錢援助十分有限。若想取得財務援助，就要到社會服務辦公室，正是在這裡，缺乏尊嚴的問題尤其明顯。不過我們必須注意的是，人們的經歷絕非「只是」家庭服務中心，或者「只是」社會服務辦公室，因為在社工眼裡，分工也許很清楚，但是尋求協助的人通常將它們視為一個整體，事實上，很多人把這些機構都視為「政府」。

[14] 參見Gugushvili與Hirsch（2014）。

過這次危機，無法避免下一次；三個月、六個月後，我必須重新經歷一次，這次我必須回答：為什麼我的銀行帳戶裡有這五十新加坡幣（臺幣一千零五十四元）？我有沒有努力提升收入？我的孩子為什麼不去學生託管中心？總是有回答不完的問題。

整個過程帶來兩方面的經驗：第一，你不信任我、認為我想騙你；第二，你不了解我的生活，而且即使你不理解，也永遠不會真正了解我這個人，你還是告訴我該怎麼做。這樣的過程會傷害自尊心、尊嚴和價值。我之前勾勒的背景很重要，一個人原本的角色應該是幫助你，卻沒有把你當成完整的人看待、了解你生活中複雜的問題，而是根據一張清單不斷質問，如同審問犯人一樣，這會進一步加劇日常生活中已經存在的缺乏尊嚴的感受。

有條件的尊嚴是什麼樣的尊嚴？

撰寫本文初稿的某天早上，我看到連氏基金會（Lien Foundation）委託製作的一系列短片，這項計畫名為「元氣柿子」（Genki Kaki），邀請兩名年長的新加坡女性拜訪日本，了解日本在人口老化的情況下做了什麼，她們參觀「老人友善購物中心、餐廳、商店街、體育館，以及在東京周邊地區提供住所和日托中心的場所」。[15]

這些影片讓我很感動，裡面介紹各種為了配合銀髮族需求設計的空間和物品。在影片中，年輕人以平常的語氣與老年人交談，不會給人居高臨下的感覺，也誠摯地表達對老年人智慧和知識的重視。尊重長輩，讓他們感受到自己年老後還是社會的一分子，以及長者的表情和肢體語言流露出自信、相信自己的價值，這些畫面對我來說很陌生。我心想：哦，**這**就是尊嚴真正的模樣。

我發現以自己為例，讓我感受到受人敬重、尊重、有價值的部分，都是稍縱即逝的因素。我得到的尊重是有條件的，是因為我對這個社會的經濟有貢獻，而且相對而言較為富裕。這樣的尊重和我身為人類、身為社會一分子與生俱來的權力，沒有太大的關聯。與條件的連結很明顯，因為我看到不具備自己目前條件的人，沒有得到相同的尊重，而且比我擁有更多權力或財富的人，**似乎**更受尊重。如果尊重的表現會因階級而有這麼大的差異，我們有沒有可能尊重人，而非他們的地位？

以狹隘的條件為基礎的尊重，可以輕易收回。我認為，在本質上，這與相信每個人的內在價值和德性所產生的相互尊重截然不同。

本書是關於不平等和貧窮，不是只關於貧窮。我希望我們作為一個社會，可以讓最

⑮ 參見http://genkikaki.com。

貧窮的同胞脫離貧困狀態，讓他們的基本需求能夠獲得滿足、過像樣的生活。我們可以改善分配援助的制度，不要讓申請援助的人感到羞恥，我們可以也必須設法解決低收入者的問題。不過在思考尊嚴這件事時，我發現這並非只是「他們的」問題。乍看之下，似乎只有低收入者擔心失去尊嚴，但是如果進一步檢視，我們就會發現那是每個人都要面對的狀況。只要我們的福祉和身為人類的價值，與經濟上的生產力、收入、特定組織家庭的方式緊密相連，每個人都可能失去尊嚴。在這樣的社會風氣下，沒有人擁有與生俱來、生而為人的價值。

我在影片裡看到的日本生活，也許並非完整的圖像，不過仍然讓我們窺見一種可能的理想樣貌，讓我們想像在不同生活條件下，或是生活條件改變後，都可以受到尊重、重視、覺得自己有價值。這種尊嚴沒有與經濟生產力連結的有效期限，而是肯定我們身而為人的價值。這種感覺與我們的現況很不一樣，看起來真的好棒。

第九章

Airing Dirty Laundry

家醜外揚

從事社會學研究迄今，我選擇的研究項目都涉及政府和政策，在過程中，根據實證結果，難免對政府和政策有諸多批評。正如所有學者都能預期的，我知道一定有人支持我，也有人不接受我的想法，這點在新加坡境內舉辦的會議和研討會上，聽眾拿著麥克風提問或發表評論時格外明顯。什麼樣的人多半支持、哪些人傾向批評，都有固定的模式，我也發現所有人的觀點都根據一定的基礎。具體而言，一個人從事什麼職業，以及這些職業和政府有多大關聯，都或多或少影響他們的想法和感受，並直接影響他們如何解讀我的發言，以及他們認為我的研究是強化，還是破壞他們對世界的看法。這並不令人驚訝，我們的實質利益和我們每天工作的場所，都會影響自己的世界觀、判斷力，以及很多人可能沒有意識到的：我們效忠的對象。

多年來，我一直這樣解釋自己面對的情況，大致上說來很有幫助，我學會不要太在意批評。我發現與不同聽眾說話時，調整語氣有多重要；我也理解，甚至尊重有些人不想聽我認為必須要說的事。這種思考模式很管用，我可以從別人的角度看待事情，即使不認同他們的觀點。我調整自己的溝通方式，因為希望真正與人交流，而不是一個人唱獨角戲。

不過，這次對於貧困和不平等的研究，將這些經歷帶到新的層面。有時候，我們發現旁人的反應前所未見，才真正意識到自己在做什麼。

觸動敏感神經

在前文裡，我討論國家和社會的說法。我提到在兩場研討會上分別發生的兩件事：描述一位受訪者無家可歸，她的孩子必須每天早上四點到公共廁所洗冷水澡，一名男子打趣地說他也洗冷水澡，而且洗冷水澡很好，因為新加坡非常炎熱；提到臭蟲無處不在時，另一個人輕描淡寫地說，他成長過程中也有很多臭蟲。在本章裡，我要談談這類打趣的說法如何讓發言者感到有尊嚴，而非羞愧，因為他們的說法暗示著進步，是關於克服困難和最終的勝利。重要的是，他們的說法正好符合政府關於新加坡經濟發展、成長、財富、繁榮的敘述。他們不想聽到不符合國家敘述的故事。破壞國家敘述等於破壞他們個人內心的說法。二〇一七年發生在新加坡的故事，聽起來更像一九六五年的新加坡，這令他們不安，他們的說法因此無法連貫，也打亂他們向上爬升的道德正當性，質疑自己是否真的當之無愧。

對於顯然「成功」的人來說，例如那兩名男子，他們是以輕鬆的方式對我的研究發表評論。我之所以使用「打趣」來形容，是因為他們都是小聲、迅速地回應，幾乎像是隨口說說，伴隨著笑容和輕笑，目的是要喚起其他聽眾的笑聲。他們想展現出寬宏的氣度，而非小氣；輕鬆，而非深刻。我毫不懷疑他們在那種場合這麼說的一部分目的，是想減輕我研究發現的分量，並淡化受訪者艱苦的處境。

這兩名男子以勝利，但是輕鬆的語氣捍衛國家敘述。我很快遇到挾帶憤怒和侮辱的抵抗，這讓我更清楚看到新加坡民族主義的複雜、矛盾及深度。新的問題也隨之浮現：我和其他像我一樣的人，從批判的角度檢視國家敘述，到底有什麼目的，以及在此過程中要付出什麼代價。

「你們為什麼要這樣講新加坡？」

二〇一七年，我在新加坡舉辦的一場會議介紹自己的研究。在此之前，我已多次發表關於新加坡低收入者的各種發現，其中有很多是針對以新加坡人為主的非學術界聽眾。有些人鼓勵、支持我，也有些聽眾表達質疑，大致說來，由於參加演講的聽眾都是出於自願，也可能因為新加坡人不太習慣與人當面衝突，所以我遇到的狀況主要是前者。不過，這場研討會和我的演說令一名聽眾感到不安，她非常不高興，部分原因是有些與會者來自新加坡以外的地方。

演講一開始，我表示要談論一群介紹新加坡時經常受忽略的人。在不算長的發言時間裡，我提到他們面對的艱苦和挑戰，以及社會政策在哪些方面沒有照顧到他們的需求；最後，我呼籲大眾重視尊嚴，並且表示我們面臨的問題，不是只涉及一小群新加坡人，而是關於我們共有的社會價值和歸屬感。到了提問時間，我看到一名長者舉手，不過回答完第一輪問題後，已經沒時間讓她發問。

會議一結束，她就走到我身邊，非常憤慨地說：「你們這些研究人員不該相信那些人。」她不讓我回應，繼續說我只看到「那些人」要我看到的事。她不耐煩地嘆氣，告訴我，他們實際上受到政府很好的照顧，他們可以向社區發展理事會和國會議員（Member of Parliament, MP）尋求協助。她告訴我，我應該寫信告訴總理關於他們的問題，這樣政府就會幫助他們。我一開始很願意和她交談，想知道她為何這麼肯定我是錯的、她是對的。但是我一開口，她就變得更激動，她提高音量，好幾次打斷我說話，接著開始比手畫腳、揮舞食指，反覆說：「唉呀！你們這些學者真的不該相信那些人，那些人沒告訴妳實話，我認識那些人。」她反覆提到「那些人」，這觸動我內心的某種情緒，我開始生氣，問她為什麼一直把低收入者稱為「那些人」，而且為何那麼不尊重他們。主辦單位發現我們在爭吵，便過來把我們分開，勸說我們去吃午餐。

我對這件事沒有多想，不過那天接下來的時間和隔天，我都和她保持一定的距離。研討會將近尾聲，最後半小時，主辦者提到這兩天會議的論文時，我驚訝地看著她走到麥克風前。她對我及另一位新加坡講者的發言仍然非常不滿。在她第二次高聲抱怨中（我認為她的發言就是抱怨），這一次是公開的，她重申我們錯了，她說移民（另一名講者的研究主題）其實非常有錢，然後她轉向我的研究，表示正是她自己及像她一樣的「建國一代」（Pioneer Generation）岌岌可危，住在租賃組屋的「那些人」實際上「得到很好的照顧」，然後建議我陪同他們尋求協助，甚至提出要和我一起前往。

她的第二次爆發有兩點令我印象深刻：第一，她的立場與我之前提到的兩名男性不太一樣，很可能截然不同。她的語氣透露出很生氣，因為她認為像我這樣的學者沒有討論**她的**問題，而是把重點放在「那些人」身上，也就是移民和住在租賃組屋的人，這些人至少表面上有資格獲得大部分的社會援助。針對這一點，必須同意並非我研究重點的其他新加坡人也同樣值得關注。

但是她的反應的另一個方面令我不解：如果她認為自己岌岌可危，對自己的處境感到不滿，為何我會成為她生氣的對象？更奇妙的是，為何政府在她的眼裡如此美好？為什麼她的問題是我的責任，而不是政府的？她發表評論的方式說明想用麥克風公開說這些話，即使她在前一天才對我說過，因為她希望**非新加坡人**的聽眾聽到。她不開心，不只是因為她認為我錯了，也因為在她的心目中，我向不了解新加坡的人「提出錯誤的論點」；換句話說，她是**為了新加坡**澄清。

前進吧！新加坡❶

那天晚上我無法入眠，花費太多時間瀏覽臉書（Facebook）的動態消息。我看到一些人和新聞媒體的頁面，轉貼李顯龍總理接受英國廣播公司（BBC）《唇槍舌劍》（*HARDtalk*）節目專訪的片段，其中一則貼文引用下述說法：「我不會干涉你們的新聞部門如何運作，為什麼你們會想來告訴我怎麼管理我的國家？」這是在主持人斯蒂芬・薩克（Stephen Sackur）問到，如果英國就言論自由和新聞自由向新加坡施壓，他會如何回應時，總理所給答案的一部分。我立刻想到，這樣的回應一定很受歡迎。確實如此，讚美之辭不斷湧入李顯龍總理的臉書專頁，例如：

> 總理，回答得真好！我要向您致敬。沒錯，新加坡也許很小，但是我們夠強大，可以與大國並肩站立！

> 總理，您回答問題時如此優雅、高貴、冷靜。……您的答案展現出有教養、前瞻性

❶譯注：〈前進吧！新加坡〉（Majulah Singapura）為新加坡國歌歌名。

的社會，一個秉持自己價值觀的亞洲社會，又能清楚表達自身想法。

做得好，總理。李光耀總理與夫人一定以你為榮（我還是喜歡用現在式），❷就像我們新加坡人一樣。前進吧！新加坡。

總理先生，您的答案展現出風度和力量，發問者一定感受到您的魄力。我的總理處理得如此出色，讓我覺得很自豪，相信許多人都深有同感。前進吧！新加坡！

李顯龍總理：您讓新加坡很有面子，您的答覆正是我想表達的。新加坡的進步顯示出，新加坡採取正確的路徑。我們亞洲人最清楚，我們必須豐衣足食，這樣說話的時候，世界上其他地方的人才會聽。

最讓我感到光榮的是您的自信。您向全世界展現我們知道自己在做什麼，也知道自己想要什麼。最重要的是，我們知道自己是什麼人。我們沒有自欺欺人、不會自卑，我們只專注於同心協力，讓國家和民族不斷成長。再次感謝您，總理。

說得好。我們的總理一再展現出他是真正的紳士和外交官。其他國家可以從新加坡身上學到很多，包括我自己的國家。非常尊敬這個男人和新加坡。

「西方」喜歡用「民主」一詞把我們拖住，好讓他們為自己的政治或經濟目的扶植傀儡。新加坡是主權國家、有可靠的領導人，屢屢讓世界看到如何在領導與民主間維持良好的平衡……我們走在正確的路徑上，不要沒事找事做……總理先生，您回答得真好。

有您這樣的總理，我們引以為榮！面對無禮的問題和態度，您如此公正客觀地回應。

讓他們知道什麼才是對的，李先生！

看待薩克提問的角度，以及李顯龍完整的答案其實非常有趣。薩克的問題幾乎被

❷ 譯注：這裡是指按照英文文法，原本應該使用過去式描述逝世的人。

視為威脅：繼續貿易協商的前提是處理欠缺自由的問題。針對這點，在我們生活的世界裡，只能一笑視之，總理正是這麼做。接下來，他基本上在嘲笑這個問題有多天真，他指出，某些宣稱重視自由的國家（例如美國），一直以來都持續和再三侵犯人權的國家（例如石油資源豐富的國家）貿易往來，將來也會如此，因為「你必須做生意」，接著安撫說，這是多元的世界，沒有普世適用的單一價值。這個說法很受歡迎，許多評論者都在臉書頁面和其他網站引述他的話：「這是多元的世界，沒有人可以壟斷道德或智慧。」

然而，儘管三十分鐘的訪談還有很多值得分析和討論的部分，但是某些特定群眾正面、近乎興高采烈的回應，焦點並非放在他所說的內容，而是他的語氣，認為他在BBC這樣的國際媒體舞臺大放異彩：李顯龍向「他們」展現一個小國的威力，讓新加坡人感到光榮。

家醜外揚

展現魄力是什麼意思？這與某些人對我研究的回應有什麼關係？

當然，總理個人臉書頁面上的留言不能代表全部，不同意他的人可能不會在那裡發表評論。我絕對沒有暗示這些留言是對採訪的唯一回應，而是想指出這些正面的評價主要與民族自豪感有關，這種民族自豪感與新加坡宣稱的國土雖小，卻進步繁榮有密切關聯。根據我過去研究的發現，這正是人們想到新加坡與世界相較時會採用的腳本。❸

關於貧困和不平等的故事破壞這個腳本。近年來，根據對生活成本上漲、不安全感加劇，以及移民在這些趨勢中扮演角色的種種抱怨來看，新加坡人並非一頭熱地迷戀國家主導的經濟發展，也沒有對進步繁榮腳本中的問題視而不見。然而，這顯然不是該讓其他人、**那些外人**看到或評論的事。沒有外人在的時候，這些怨言可以在不同環境下單獨討論。總理接受英國廣播公司採訪時，他的責任是展現出最好的一面。前進吧！新加坡。

≠

關於貧困和不平等的故事讓人覺得不舒服，也應該如此。正是這種感覺，促使我們採取行動；正是這種不舒服，讓社會各方人士推動變革，使更多人享受經濟進步的成果。

這種對於破壞和不舒服的抗拒，我原本以為主要是因為人們不願放棄特權。我認為

❸ Teo（2011）。

自己的角色是，不斷努力讓大家了解我們可以破壞原有的敘述，建立另一套說法，而且我們當中一部分人可以也應該放棄一些事物，因為回報必然更值得。不過，我現在發現另一個同樣大，甚至可能更大的障礙。

極度重視民族自尊，就很難接受我們有貧困和不平等的問題。許多人都抱持這種心態，如果突顯問題，國家就會有失顏面。我在那場會議引發如此強烈的反應，而且是針對我個人，主要就是因為我將家醜外揚，我基本上成了叛徒。

本章所寫的內容，對於在新加坡從事社會運動的人來說並非新鮮事。長久以來，我看到致力於人權相關議題的朋友和熟人在網路上遭到酸言酸語，都覺得很震驚。攻擊基本上是採用以下論點：你們這些崇尚自由主義，在西方受教育的菁英分子。就這樣了，這就是全部的論點。如果沒有將之和「讓他們知道什麼才是對的，李先生！」放在一起檢視，必然很難理解。儘管英語是新加坡的官方語言；儘管頂尖機構多半使用英國殖民時期的名稱，並且引以為傲；儘管所有人都認為優秀的學生必須去哈佛、史丹佛、劍橋、牛津；儘管我們普遍接受「西方」的流行文化和生活方式，也或許正因如此，當新加坡的成果優於其他國家時，我們會有一種抗拒「西方」的渴望。

但這麼棒的「新加坡」究竟是什麼？這樣的「新加坡」又是由什麼人組成？這些

「新加坡人」應該讓哪些人永遠引以為傲？一旦進入這套思維模式，就必須消除歧見。你不是和我們站在一起，就是和我們敵對；假使和我們站在同一邊，你就不能談論「我們」當中的變異和不平等；只要這麼做，你就是和我們作對，你一定是對另一邊效忠。

我們必須抗拒民族主義傾向

我們必須超越這種思考模式：為了維護自尊，寧可忽視問題；忽略糾結複雜的現實，以滿足成為「贏家」的短暫樂趣；堅持從狹隘的視角看社會，讓自滿變得合理。這種民族主義不但阻礙進步，更會傷害社會和諧。

新加坡的貧窮和不平等現象都是真實的問題。你可以用各種方法刪減數據，從不同角度解釋這些問題如何產生及如何解決。但是無論如何刪減，都是真實的生活、真實的人、真實的苦難，折磨他們的是真正的規則、真正的政策、真正的制度。不承認問題的存在及其嚴重性，還有這些問題與財富的關聯，等於是雙重傷害。忽視權貴階級必須承擔的責任和義務，是缺乏道德的行為。因此，不該讓個人的說法、國家敘述或民族自尊，強迫我們移開視線。

對於在乎品德、正直、公平正義的人來說，二〇一七年是令人感到絕望的一年。我們應該留意新加坡以外的世界，而且這麼做時，不能只是本能地尋求肯定。如果說新加坡是全球化的小國，容易受全球趨勢影響，我們就必須留意某些趨勢。看到世上的種種現象，我們必須學到的教訓是，民族主義是醜陋的野獸，吸引人們餵食，餵養的後果可能尚未完全顯現，但是正如我們看到的，人與人之間殘酷的表現、文明逐漸瓦解、對人格的不尊重，已經造成社會分裂，我們的反應不能是頌揚自己有多出色或特殊，因為這麼做是對社會抱持過度簡化和不完整的想法，也是和劃清界線出於相同本能，沒有思考當前社會的不平等現象，以及對未來公平正義的希望。

剛開始考慮撰寫本書時，我心中想的是比較和緩的文章，只討論我的研究和田野調查結果。然而，思考和書寫貧困與不平等，必然會發現很多事物都是息息相關。因此，本書碰觸了許多乍看之下不相干的主題：住所、學校、母親、社工、個人主義、家人出遊、足球鞋、民族主義、尊嚴。

如果說生活是由許多相互連結和相互影響的事物組成，我們就能得到兩個結論：第一，專家學者不能待在安全的角落，只研究或評論範圍狹窄的專業領域；第二，也是更重要的，思想、知識、理解的產生，不能僅限於學者或其他「專家」，**而是**居住和關心這個地方的每一個人的權利、任務和責任。若想看到進展，一個人的參與必須深遠、持久，你的主要目標不能是阻礙他人參與。

我希望本書不是只提供解方，儘管我對事情該怎麼做自有一套看法和見解，但是我相信，我們應該從不同角度檢視問題和採取行動。我邀請所有讀到這裡的人，想一想自己的生活、工作、家庭，以及選擇或拒絕的事物，如何運用我提出的觀點理解。在這一次研究的過程中，我很榮幸地認識社會上的一群人：學者、社運人士、社工、藝術家及各種背景的思想家，拒絕悲觀和不信任、不願接受事情就是這樣。我邀請所有願意加入的朋友，和我們一起創造新方向、新說法、新想像、新夢想。

家醜需要外揚，不要害羞。我們前進吧！

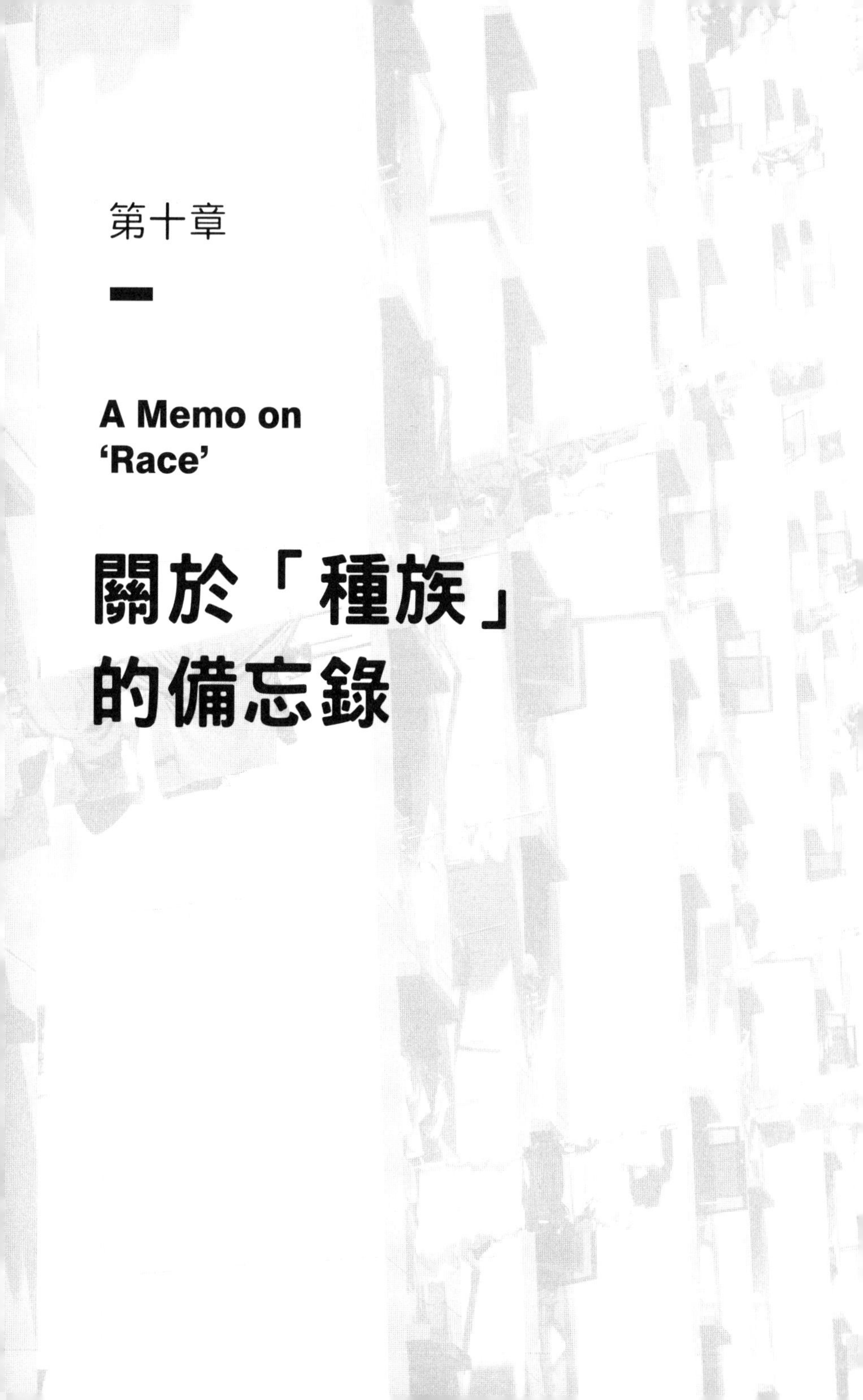

第十章

A Memo on 'Race'

關於「種族」的備忘錄

一九九七年，我修了一門華康德（Loïc Wacquant）的課，名為「種族優勢的基本形式」（Elementary Forms of Racial Domination），這門課程完全改變我理解「種族」的方式。❶

在第一堂課，華康德教授提出兩個基本規則：首先，凡是使用「種族」（race）這個詞彙，都要加上引號；其次，不能使用「種族歧視」（racism）一詞。我們都覺得這些規定很奇怪，畢竟這是和「種族」有關的課程；尤其是後者，讓我們這群對於「種族歧視」問題尤其敏感的學生感到焦慮。

直到今天，我仍然對他一開始設立的規矩感到佩服。替「種族」一詞加上引號，可以防止分析時出現滑移（slippage）和遺忘（forgetfulness）的情況，強迫說出或寫下這個詞彙的人記得「種族」是一種社會結構。如何理解和感受「種族」、如何實行，以及實行的後果，都會因為時間和地點而有所不同。「種族」並非恆久不變、普世通用的事實：劃分群體的原則、它如何變得有意義，以及它對人們的生活造成什麼影響，都會隨著時間和地點改變。我們以為自己在談論「種族」時，知道自己在說些什麼；事實證明，如果比較不同社會或不同時代，就會發現人們對於一個人屬於什麼「種族」，可能是根據外表判斷，也可能取決於社經地位，或是同時受數個原則影響，好比某些群體的後代是根據一種原則分類（例如祖先的地理

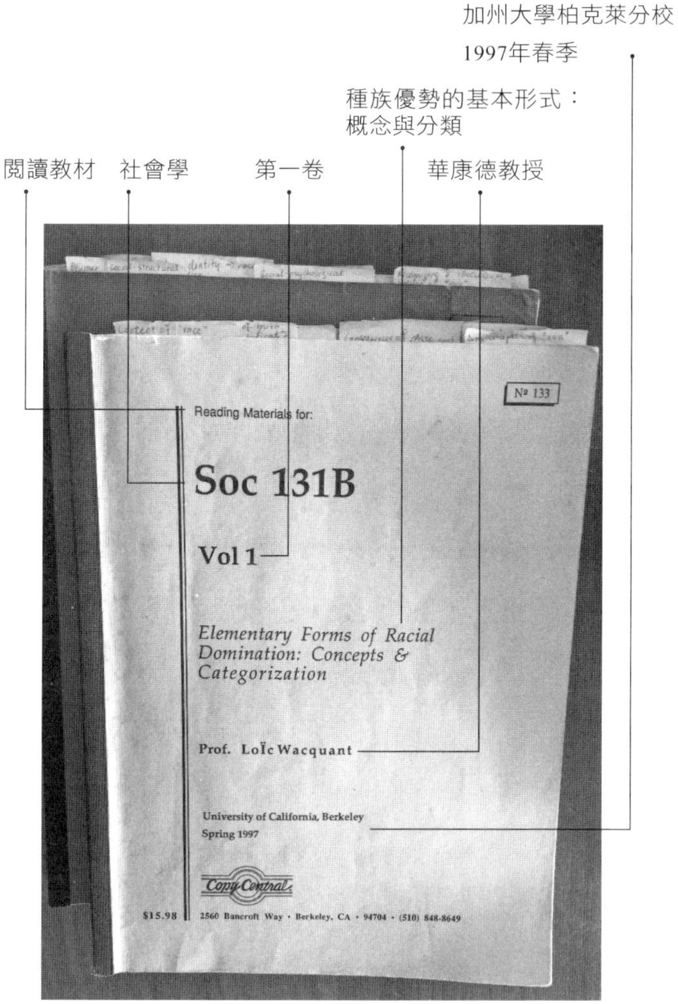

社會學131B的閱讀教材。（張優遠攝，2017年）

❶ 我推薦大家去看他的教學大綱：http://sociology.berkeley.edu/sites/default/files/documents/syllabi/F13/SOC182-RACIALDOM2013%20PROV.pdf。

起源），而其他群體的後代則是根據其他原則分類（例如語言或宗教等文化習俗）。[2]

華康德指出，關於「種族」的民間信仰非常強烈（將「種族」刻劃成自古以來就存在、恆久不變的實體），有時因此遮蔽了一切；原本要分析它的學者或學生很容易落入陷阱，認為那是普世通用、毋庸置疑的固定事實，而不是由特定社會和政治過程驅動的結果。[3]倘若誤將民間信仰當成分析類別，「種族」就馬上成為解釋各種現象的理由（例如不平等），而非必須研究和解釋的現象。「種族」在特定情況下的運作方式及形成的過程，是我們在社會學一三一B課堂上關注的內容，而非「種族」代表或不代表什麼，也不是它對其他「變數」造成或不造成什麼「影響」。[4]

二十年後，我讀到塔納哈希．科茨（Ta-Nehisi Coates）精彩的著作《在世界與我之間》（*Between the World and Me*），[5]他在書中一再將所謂的美國白人稱為「認為自己是白人的人」，我十分讚賞科茨這種刺耳的說法。關於「種族」的民間信仰：認為那是亙古不變、不言而喻的分類，是很危險的想法。因為相信自己是X而不是Y的人，也往往理所當然地認為X優越而Y劣等，並且事情必須一直是這樣，因為X和Y自盤古開天以來就是按照這樣的方程式存在。經由明確地劃分界線和權力，很多人刻意遺忘某些人如何成為X、有些人如何被迫成為Y，結果相信自己是X的人與他們認為是Y的人之間，長期存在不平衡的現象。把「種族」加上引號，等於讓我們腳下的土地保持流動，使我們能夠記得，關於「種族」的說法沒有堅實的基礎。事實上，聲稱它有堅實基礎的說法就是在操弄權力，我們應該特別留意。

為何禁止學生在課堂上說「種族歧視」？這是為了避免造成第二種混淆：由於各種程序、制度、意識形態和做法的加乘影響，造成種族優勢，並且不斷重現。「種族歧視」是過度粗糙的工具，我們無法從中了解「種族」是經由下述特定做法才變得有意義和重要：「歸類（包括分類、偏見和汙名化）、歧視（對不同群體的成員有差別待遇）、隔離（以實際空間和社會空間分隔不同群體）、貧民窟化（強制平行發展兩種社會和組織結構），以及種族暴力（從人與人之間的恐嚇和侵略，到私刑、暴動與大屠殺，最後是種族戰爭和種族滅絕）。」[6]要了解「種族」在特定社會如何發揮作用，以及種族優勢如何產生和延續，必須從分析的角度檢視實際案例。我們不能使用「種族歧視」一詞，因為這會阻礙分析。歸類與歧視，以及隔離與貧民窟化的做法間存在很大差

---

❷例如參見Wagley（1959）、Davis（1991）、Lancaster（1991）、Chun（1996）。
❸亦可參見Banton（1979）。
❹Wacquant（1997）；亦可參見Loveman（1999）。
❺Coates（2015）。
❻Wacquant（1997）。

異。華康德列出「種族優勢的基本形式」清單，讓我們看到可以準確分析種族優勢的程度和強度，以及某些種族優勢的元素可能很明顯，有些則沒有那麼容易看到。最重要的是，在打開「種族歧視」的黑盒子時，其中的因素：分類、歧視、隔離、貧民窟化、暴力，能夠強迫我們找出裡面運作的機制和行使之人；提醒我們這些基本形式中的每一個都是操弄權力的結果，而操弄權力代表有行使權力的施為者。

民間信仰和看到差異的傾向：以種族來解釋貧困問題

貧困是由（所謂的）種族引起的問題嗎？不是。這個問題與「種族」和種族化（racialization）[7]有關嗎？是的。我們可以將貧窮歸因於「種族歧視」嗎？不能。在嘗試進一步了解貧困與不平等的過程中，我們是否應該留意分類、歧視和隔離的種族化模式？也許。

在新加坡，有哪些關於「種族」和貧窮的民間信仰？許多人相信，被歸類為華人的人，就絕對是「華人」、馬來人永遠是「馬來人」、印度人一定是「印度人」，再來就是「其他」。沒有被歸類為「其他」的人，通常不知道也不關心「其他」是什麼，認為這就是完整的分類法。儘管在新加坡，這些類別是到了近代社會才變得有意義，但是我們也能追溯其由來，即是殖民和後殖民統治者草率分類的結果。[8]儘管不時有人發現這種分類法相當任意，而且基本原則並不一致，[9]許多新加坡人仍然將CMIO[10]視為毋庸置疑的「種族」標記，認為那是原始、基於生物學的事實，因此無法改變，相信這樣的分類法代表同一類別的相似處，以及不同類別之間存在文化習俗、觀念和價值取向的差異。

這套民間信仰認為「種族」之間的重要差異是，不同族群在從事經濟活動方面各有不同做法，隨之而來是很多人視為常識的不同種族間財富的差異，也就是身為「華人」或「馬來人」，會影響這些群體的動機、渴望和習慣。從這裡，只要再跨一小步，就走入接下來的民間信仰：認為「馬來人」貧窮、「華人」有錢，是因為「馬來人」懶惰、「華人」貪心。[11]

我們怎麼知道這些關於「種族」差異的民間信仰，是觀察得來的事實或謬誤？假

---

[7] 譯注：是指將特定社群的生物或文化特性界定為自然本質的社會過程，藉由動詞來強調種族區分其實是社會建構的過程。

[8] 參見Kathiravelu（2017）；PuruShotam（1998）；Chua（2003）；Rahim（1995）；Syed Hussein Alatas（2013 [1977]）。

[9] 參見例如Nur Asyiqin Mohamad Salleh（2017）。

[10] 新加坡政府對於「種族」的正式分類：華人（Chinese）、馬來人（Malay）、印度人（Indian）和其他（Other）。

[11] 參見Syed Hussein Alatas（2013 [1977]）。

使透過民間信仰的角度檢視，人們多半會把重心放在證明自己理論正確的趨勢上，由此就能發現推測和認定的「種族」差異，認為低收入人口的馬來人比例過高。我們不時看到完全不做比較的研究、報告或新聞報導，直接認定只有「馬來人社區」有問題。雖然突顯不平等趨勢的種族化模式的確有其價值，我稍後也會回頭探討這點。不過在此我想指出，將「種族」差異作為起點，沒有探討其中差異，或差異如何產生與持續存在，會導致我們的社會不斷強調差異，不去審視和理解。假使沒有質疑分類、歧視、隔離等現象，就直接討論「差異」，如同在暴雨中開車，而且擋風玻璃沒有雨刷。

如何分辨關於差異的民間信仰，是觀察得來的事實或謬誤？其中一個方法是控制階級這個因素。這是什麼意思？如果「馬來人」和「華人」是截然不同的民族，習慣、想法、喜好都不一樣，即使在階級背景相同的人中，我們應該也能看到這些差異。如果「種族」本身可以解釋某些人最後為何成為窮人，而其他人最終變成富人，我們應該能藉此預測一個人的世界觀、喜好、習慣和決定。因此，了解預測是否準確的其中一個方法，就是比較不同族裔類別，但是階級背景相似的人。

事實上，在我採訪的低收入者中，並沒有發現低收入的「馬來人」與低收入的「華人」（或是其他類別的人）有太大差異。受訪者有時也提到「種族」，因為他們同樣在這個社會生活，也會運用民間信仰。他們聊起自己遇到的人，經常會用族裔來稱呼對方；此外，他們也會說自己所屬的「種族」語言，參與相關的文化和宗教活動。我的意思不是暗示**他們**是「種族」盲，或是華人、馬來人、印度人的概念從未出現或毫無意義。但在討論「種族」是否為重要因素時，我必須強調在本書描繪的生活樣貌：居住環境、工作與生活無法平衡、孩子學業問題和養育的挑戰、難以取得公共資源、尊嚴需求沒有獲得滿足，都涵蓋被歸類為「華人」、「馬來人」、「印度人」和其他群體的人。如果硬要找出這些群體之間的差異，也許可以找到，但是分析人們的日常經歷、境遇、習慣、想法、決定時，就會發現屬於何種族裔並沒有太大差別。

不平等問題和所謂的族裔無關，而且與民間信仰正好相反，許多人認為「華人」、「馬來人」、「印度人」、「其他人」這些類別間存在很大的差異，事實上我遇到的人有更多**相似**之處。換句話說，相較於高收入的「華人」，低收入的「華人」與低收入的「馬來人」有更多共通點，也就是說階級比族裔類別重要，我們更能根據階級預測一個人的生活、有哪些選項、走什麼樣的路徑、做哪些決定，因此必須質疑以「種族」來**解釋**這個問題究竟有沒有價值。

儘管如此，我們仍要回歸到一個問題，也就是在當代新加坡，為何低收入和教育程度較低的人中，馬來人的比例過高？又為何高所得和教育程度較高的人中，華人的比例較高？我的確在研究時看到相同的趨勢，也就是我的採訪對象以人口比例而言，馬來人的數量過高，而華人數量則不成比例的少。這樣的趨勢很重要，也值得關注。然而在這次研究中，我沒有也無法提出必要的實證數據來充分解釋這些趨勢。

理解「種族」如何運作，並非本次研究的主要目標。具有「華人」外表的我，對於關於「種族」的民間信仰很敏感，也深知沒有看到或誤解「種族」的危險。正如我在附錄中詳述的，我的研究方法是盡可能了解低收入者的日常生活經驗，並記錄這個階級內不同族裔、性別的人對於訪談的回應。我尋找模式，希望從低收入新加坡人的角度了解生活的樣貌。藉由這個方法，我可以對「種族」做出最強烈的主張正是之前提出的：我們**無法**根據一個人所屬的族裔類別，預測低收入人士的想法、習慣和決定。在我分析的層面，階級是更顯著的因素。

若想探究「種族」的影響、重要程度，以及為何「馬來人」在低收入人口的比例過高、高收入人口則是「華人」比例偏高，我們必須進行大量研究，而且出發點是解決這些問題，並使用條理分明的研究工具。我的實證數據著重於低收入者的生活，因此無法也**不該**回答這些問題。針對**分類**原則和做法的「種族」研究；檢視雇主、房東／屋主、學校、法院**歧視**行為的學術論文；追蹤**隔離**和**貧民窟化**，以及記錄對某些族群施暴的歷史，這些龐大、包羅萬象的研究，讓我們看到要真正理解並解釋「種族」的影響，以及種族優勢如何產生和不斷複製，學者就必須批判一般人視為理所當然、刻意生成的數據，並嚴格檢視和分析觀察到的現象，並且在發表研究時，能夠建構知識、拆解和消除民間信仰，接著建立新知識來挑戰、破壞，讓我們感到不自在。能夠充分回答問題前，還有很多事得做。

≠

每次發表關於貧困和不平等的研究，總會有至少一名聽眾要求我進一步討論「種族」問題。我了解人們為什麼想知道我不想回答的原因，但我自己也不是那麼了解。我是受編輯逼迫才寫出這篇文章。我不希望公開發表，擔心在想法不完整的情況下提出「種族」這個詞彙，可能弊大於利。但是他們告訴我，假使**沒有**談論「種族」，就彷彿少了什麼，因為在我們生活的社會裡，身為「華人」、「馬來人」、「印度人」和「其他人」非常顯而易見，無論我有沒有談論，新加坡人都會假設「種族」影響貧富。

我不想根據自己蒐集的數據帶入「種族」議題，這點很難解釋。我希望這篇文章能夠闡明原因：我們不應該因為民間信仰如此認為，而且大家都能看到差異，即使差異基本上毫無關聯，就隨意地將「種族」納入因素之一。寫到這裡，我很擔心有人斷章截

⓬ **請勿**斷章取義。

句，聲稱我認為「種族基本上毫無關聯」。[12]

那麼，你應該從這篇文章得到什麼？我們關於「種族」的民間信仰是錯的，它無法預測我們的想法、世界觀、決定和做法，而且不同「種族」的相似處，比民間信仰要我們相信的還多；其次，對於新加坡貧困和不平等的趨勢，還有許多尚未找到答案的問題，必須進一步研究。要了解為何「種族」似乎是複製不平等現象的原因，我們必須進行更多針對動態、程序、機構的研究，才能了解分類和歧視的影響。在此之前，我們必須保持警覺，替「種族」加上引號、不要使用「種族歧視」一詞，而是採用種族優勢的基本形式。

第十一章

Now What

接下來怎麼辦？

這就是不平等的樣貌。所以接下來怎麼辦？本文將探討到目前為止，我對這個問題的想法。

學習與反思

有很多關於不平等和貧困的知識，等待我們閱讀和思考。

只要去看社會學家、人類學家、經濟學家、心理學家、地理學家的研究，就會發現不平等實在很糟，它危害社會和個人的福祉，不僅對底層的人不利，也影響整個社會；不平等侵蝕社會的凝聚力、破壞政治和諧與政策功能。

我們知道不平等產生的原因和解決方案。儘管不平等從古至今一直存在，卻並非無中生有的現象，許多證據顯示，政府和社會政策對於複製不平等扮演關鍵角色；換句話說，在這方面表現較好或較差的國家，都不是出於偶然。我們可以檢視實際的例子，進一步了解哪些國家做得比較好。

學習的必要條件是謙虛，以及願意改變既有想法。從第三世界到第一世界、從貧窮到富裕；新加坡的卓越成就；不平等是全球化和經濟發展的必然結果；成功和失敗是公平的，端看一個人努不努力，這些說法都是學習的障礙。了解不平等的起點非常簡單：新加坡存在高度不平等。若想學習，我們就必須接受這個事實，然後克制內心捍衛和解釋的衝動。我們必須卸下防衛，接受不同觀點。

資訊並非知識。事實和數據不會自動轉化為理解的能力。光靠資訊，不會激發一個人追根究柢，也不會提供行動的動力。

撰寫本書的過程中，許多小說、散文、短篇小說、戲劇、漫畫、詩歌激發我的想像力，同時加深我的決心。有些作家和思想家沒有列入本書的參考資料，但是他們的作品對我影響至深，包括大衛・萊考夫（David Rakoff）、奇瑪曼達・恩格茲・阿迪契（Chimamanda Ngozi Adichie）、艾琳娜・斐蘭德（Elena Ferrante）、安德魯・所羅門（Andrew Soloman）、陳思玉（Jolene Tan）、伊麗莎白・斯特勞特（Elizabeth Strout）、歐大旭（Tash Aw）、娜塔麗亞・金茲伯格（Natalia Ginzburg）、塔妮亞・德・羅扎里奧（Tania de Rozario）、塔納哈希・科茨（Ta-Nehisi Coates）、巴利・凱爾・賈斯瓦（Balli Kaur Jaswal）、李婉婷（Amanda Lee Koe）、安・帕契特（Ann Patchett）、阮越清（Viet Thanh Nguyen）、穆罕默德・拉提夫・穆罕默德（Mohamed Latiff Mohamed）、侯仁敦（Philip Holden）、莎娣・史密斯（Zadie Smith）、鍾芭・拉希莉（Jhumpa Lahiri）、琳迪・韋斯特（Lindy West）、艾倫・康明（Alan Cumming）、奧費安・薩安（Alfian Sa'at）、派蒂・史密斯（Patti Smith）、保羅・弗雷勒（Paulo Freire）、阿蘭達蒂・洛伊（Arundhati Roy）、伊恩・麥克尤恩（Ian McEwan）、李翊雲（Yiyun Li）、莫欣・哈

密（Mohsin Hamid）、雅阿・吉亞西（Yaa Gyasi）、哈里斯・沙瑪（Haresh Sharma）、賴啟健（Lai Chee Kien）、喬治・佩雷斯（George Pérez）、劉敬賢（Sonny Liew）、泰居・柯爾（Teju Cole）、瑪麗・奧利弗（Mary Oliver）、G・維洛・威爾森（G. Willow Wilson）、雷貝嘉・索爾尼（Rebecca Solnit）。

我很難從文學的角度描述這些作家的共同點。閱讀他們的作品時，我沒有抱持特定目標。這些作品讓我擺脫學術的束縛，回歸到社會學家向來關注，但現在卻很少公開詢問的重要問題：何謂人性？我們是誰？我們可以夢想成為什麼樣的人？

剛接受社會學訓練時，我認為社會學家在研究中獲得的知識和分析，也許可以改變世界；直到今天，我依然或多或少如此相信。我仍然追求有系統的經驗證據，從中尋找什麼事情需要改變及如何改變。但是要挑起看到改變的渴望、想像另一種現實的勇氣，並搭建橋梁，將資訊連結到知識，知識連結到同情，同情連結到信念，信念連結到行動，不能光靠社會學的力量。

「接下來怎麼辦」的問題是持續的挑戰，並非靜態的終點，意思是我們必須在不同地方鼓勵創造、探索與持續努力。要做到這些，我們必須不斷閱讀、保持傾聽、繼續思考和學習；另外，也要主動尋求知識，讓我們有提出重要問題的自信。

調整和行動

我是社會學家，社會學家的任務是揭露、分析、思考和書寫。在分享研究成果的過程中，我遇到社工、諮商師、企業主、老師、政策制定者、社會運動者、作家、戲劇界人士、電影界人士、攝影師、學生、志工、父母。這些人的職業和目標各不相同；他們位居社會的不同位置，有時不只一個位置，也有特定的角色、條件、資源、機會、限制、承諾。基於各種原因，他們對我的發現感興趣。離開研討會或讀了我的文章後，每個人朝著不同方向走去，執行各自的任務。

我的學生有時會開玩笑說，社會學破壞了一切。透過社會學的鏡頭看世界，所有事情都變得不單純、甚至黑白顛倒，原本認為日常生活中的常識也不再那麼有趣，最糟的是了解世界，卻無法改變，讓他們有很深的無力感。由於我是傳道授業之人，所以有些學生誤以為我走的路是激發改變的唯一途徑。

許多年前，我也在接觸社會學後感到無能為力，那時我剛認識一個朋友，她後來成為我最好的朋友。我們對這種感覺聊了很多次，她教會我兩件事：首先，我們必須做自己能做的，無論處於什麼位置，只要採取行動，一定有意義；其次，我們最終能夠帶來影響，是因為我們並非單獨行動。

對於不平等的問題，我們能做些什麼？我希望有很多，而且相信其中包含許多我想像不到的做法，劇作家、政策制定者或學生提出的解決方案，會是我無法想像的。我只能從所在的位置做自己能做的事，我知道許多人也會盡他們所能，每個人都運用自己擁有的知識，並根據手上的資源和機會來調整與運用。我們有時覺得徒勞無功，有很深的無力感。我們偶爾能看到機會，然後好幾年不斷撞牆。我們必須提醒彼此並不孤單。我們採取行動，是因為必須這麼做；我們採取行動，因為可以同心協力開創新局。

目標：向瑞典學習

二〇一七年，國際金融發展組織（Development Finance International）和樂施會（Oxfam）發表一份報告，介紹它們新制定的衡量指標，名為「承諾減少不平等指數」（Commitment to Reducing Inequality Index）。[1]它們檢視一百五十二個國家對於減少收入和財富不平等的承諾，所謂的「承諾」包含社會支出（醫療保健、教育與社會保障）、稅收（結構和發生率），以及勞動權的保障，因為上述每一項都能發揮重新分配的作用。這份報告捕捉到其他不平等衡量指標未能察覺的狀況：各國為了解決日益嚴重的不平等問題，實際採取哪些行動，而非目前的不平等狀態。這點很重要，原因有二：衡量不平等狀態的指標，可能有助於了解不同國家在特定時間內的表現，卻沒有檢視該國朝著哪個方向前進，因此忽略某些富裕國家雖然承諾財富重新分配，但是最近幾十年已逐漸遠離這樣的承諾（例如英國），而較不富裕的國家，雖然不平等的比例仍然居高不下，卻為財富重新分配做出重大努力（例如納米比亞）；第二個原因則是，這樣的指標可以作為依據，讓公民要求政府對改善不平等正在採取或不採取的行動負責。

瑞典不意外地位居榜首，代表在承諾減少不平等問題方面做得最好。該報告公布後，發生一件令我印象深刻、假使是新加坡政府或特定機構得到類似全球排名不太可能看到的事：《衛報》（*The Guardian*）刊登一篇以瑞典為主題的文章，❷在報導中，各黨派的政治領導人討論對不平等現象日益嚴重的擔憂，以及為了減少不平等必須如何更努力。我必須看兩次，確定自己沒有誤解。這個向來在各種平等或社會福利措施方面名列前茅的國家，現在再度位居承諾減少不平等指數的榜首，但新聞刊出的不是他們歡欣鼓舞，而是哀嘆情況變得有多糟，以及他們必須如何更努力。一方面，真是完美體現這份報告所謂的「承諾」；另一方面，哇！

我們可以從這份報告裡學到很多。作者解釋他們如何選擇衡量標準，以及任何一個

❶ 國際金融發展組織與樂施會（2017）。
❷ Crouch（2017）。

社會如何透過每項做法，將財富更公平地分配給所有成員，進而減少所得不均的問題。他們直白地指出，這些衡量方式代表的政策舉措，一部分是為了糾正各國政治和經濟菁英壟斷資源的現象。他們也明確表示，其中許多舉措仍然無法阻止上述菁英吸納並隱藏財富。我們今天在全世界看到的不平等現象，都有特定人士參與其中。如果國家致力解決這個問題，就是承諾替大多數人多盡一點心力，稍微削減權貴人士取得的利益。

因此，這份報告讓公民能以兩種方式追究政府的責任：首先是比較明顯的排名，公民可以說：「這是我們現在的排名，下次報告發表時，我們可以做得更好嗎？」第二個也許更重要，也就是開啟關於這些社會政策措施的討論，包括教育、醫療保健、社會保障、稅收和保障勞工等方面的支出，並將這些議題視為公平與平等的問題。要求國家的財富必須擴及和分配給每一名成員（為了創造財富做出貢獻的正是這些成員），並要求政府不能讓一小群菁英分子，透過允許他們合法這麼做的政策，來獲取並壟斷財富，這些都不是無理的要求。追求公平和正義、讓多數人累積物質利益是明智的原則，不是古怪的非主流文化。

我花了這麼長的篇幅描述承諾減少不平等指數，只是想舉例說明。這份報告就像其他任何報告或排名一樣，也會有它的局限，重點在於知道我們可以運用這些工具設定合理的目標。我們可以呼籲政府承擔責任、實現目標，不過前提是要訂定目標。

承擔責任：忘記瑞典

我發現每一次提到瑞典，都有人不太開心，他們會打斷我，提醒我們的文化不同：新加坡人在文化上還沒有準備好，無法接受高額稅收。他們尤其喜歡說我們是多元文化的國家，而瑞典不是。他們從未解釋多元文化和社會政策的因果關係，但是我知道他們在對話中占了上風，因為只要一說出這句話，就沒有人（包括我在內）想繼續談論瑞典。表面上他們似乎說服了我，但是我之所以沉默，其實是因為他們的說法讓我想到，無論如何，在達到瑞典的境界前，還有八十四個國家排在我們前面。

如果提到瑞典讓你覺得困擾，就忘了瑞典吧！

林方源（Jeremy Lim）在他的著作《神話還是魔術》（*Myth or Magic*）裡，詳細解釋新加坡的醫療保健制度，以及它如何隨著時間演變。劉浩典（Donald Low）和蘇迪・巴達凱斯（Sudhir Vadaketh）在《艱難的抉擇》（*Hard Choices*）一書中，探討經濟與社會政策的各種層面，以及這些政策如何發展。羅家成（Loh Kah Seng）、覃炳鑫（Thum Ping Tjin）和謝明達（Jack Chia）合編《在新加坡與神話共處》（*Living with Myths in Singapore*），他們和其他作者透過不同故事，告訴我們新加坡的過去與現在。[3]

這些作者並非全是歷史學家，不過上述作品都對歷史別有見解。其中一個關鍵的發現是：在不久前的過去，新加坡非常重視以平等與正義為基礎的道德承諾。新加坡在沒多久前，一直希望將這些價值作為發展的首要目標，經濟成長和財富只是達到目的的手段，而非最終目的。即使現在，這種精神沒那麼容易看到，卻依然深植於**我們的**文化。

面對質疑，我經常兩天後才想到該如何回應，不過有一次，我冷靜沉著地提出林方源的著作，以及他引用杜進才（Toh Chin Chye）、惹耶勒南（JB Jeyaretnam）和吳作棟（Goh Chok Tong）對於醫療保健制度應該做什麼的論點。[4]上述段落顯示出在一九八〇年代，我們的社會曾經針對政策設計和程序進行認真辯論，而且不同學派對於人性、人的價值、政府角色及社會福利的作用想法十分分歧。我無法肯定地指出新加坡政府目前的立場和方向，但對於「可是我們不是瑞典」，我的回應如下：忘記瑞典吧！在我們自己的歷史、自己的文化中，也存在這些爭論；我們的社會有同樣的對比、分歧和爭議，一邊主張社會福利、平等與正義，另一邊則是提倡自力更生和「市場機制」。

回到田野調查的現場，很榮幸結識這群讓我不得不繼續愛這個國家的人。生活在不合理的居住條件下並不美好、生活在社會規範外一點也不浪漫，但是看著這群人，雖然面對艱苦的環境，卻依然深愛自己的家人、以自己的工作為榮、為陌生人騰出時間、欣賞別人的美好和優點、與鄰居分享、從危機中復元、面對錯誤、談論公平、決心好好過日子，真的非常值得我們敬佩，我不得不放下內心的憤世嫉俗。

勤奮、自力更生、家庭價值、社區，這些成為口號和比喻的詞彙，在真實生活中由真實的人展現時，就變成美好的事物。原本黑白的生活滲入五顏六色；價值表現在政策規範的界線外，他們的不完美在提醒我們，我們不能把人類擠入狹窄的路徑裡。儘管環境不利，但他們還是不斷展現生命力，就像從混凝板縫隙長出的小草。我是來自另一個世界的訪客，原本的任務是找出修正他們的方法，結果卻得到值得我們學習仿傚的重要價值。

也許瑞典和我們不一樣。瑞典當然和我們不一樣。但是在我們自己的文化裡，無論是過去或現在，都存在值得我們努力追求的價值、信念、習慣和願望。

這就是不平等的樣貌。所以接下來怎麼辦？

接下來，我們要拒絕接受。

---

❸ Lim（2013）；Low與Vadaketh（2014）；Loh、Thum與Chia（2017）。

❹ 參見Lim（2013）一書，頁五二至五六。

附錄

一

A methodological appendix for all readers: This Is What Data Looks Like

為所有讀者
而寫的研究方法：
這就是數據的樣貌

民族誌的研究方法：儘管在社會學、人類學和地理學等專業領域，民族誌都有豐富的傳統，但一般大眾卻不是那麼了解。我在此以附錄的形式解釋這種研究的涵義，以及我為什麼要解釋。即使本書撰寫的對象並非通常較重視研究方法的學者，我還是將之包括在內，因為了解知識產生的方法很重要。如何設計問題、蒐集數據，以及如何使用數據，都是在現今世界生活的重要技能，也是建立民主社會的重要前提。因此，本附錄不僅是為了對研究感興趣的人而寫，也適用於所有必須接觸各種五花八門的觀念、資訊，以及真實或假訊息的人。了解研究人員如何提問、蒐集數據來回答這些問題，以及如何使用數據來講述關於社會的故事，探討其中潛藏的機制和原則，等於學習如何從批判的角度，評估他人口中關於我們的訊息。取得關於數據的知識：了解數據如何創造、詮釋、使用，是我們的民主權利和身為公民的責任。

提問的方式會影響我們從什麼角度理解世界

我的研究目標很簡單：了解低收入者的日常生活。我花了三年時間，大部分在二〇一三年至二〇一六年間，主要拜訪兩處建屋發展局的租賃組屋社區。除了這兩個社區外，為了了解不同社區間的差異，我也到過其他六個社區。這些年中有幾個月，我每週會去租賃組屋兩到三次，其他時間則由於另有工作安排，拜訪次數沒那麼多。儘管並非全然刻意，不過這樣的拜訪模式對於理解的過程很有幫助：定期到那裡，在組屋裡和住戶閒聊，我愈來愈自在、放鬆；一陣子沒去又再回去，尤其是到後期更常書寫和發表研究時，這麼做能提醒自己眼前的情況有多嚴峻，讓我不會接受這樣的生活，並對他們的辛苦習以為常。

我每次會在社區裡待三到四小時，每次探訪兩、三個家庭。加總起來，我一共去了大約九十次，與二百多人交談。我把大部分精力集中在有孩子的家庭，而非長者身上，因為我對了解不同世代流動或缺乏流動的情況尤其感興趣。我們聊天的內容包括他們的孩子、家庭、住所、鄰居、工作、危機、願望及日常活動。每次拜訪後，我會花兩到三個小時撰寫現場觀察紀錄，盡可能詳細地寫下受訪者和我分享的事物，以及我聽到和觀察到的細節。日子一久，我漸漸發現固定的模式和主題，並且能夠更有條理地替數據編寫代碼（code data）。持續閱讀；思考自己早期的研究；與其他學者、社工、社會運動人士、志工對話；透過檢視政策、演講、其他研究來驗證我的發現；撰寫備忘錄、講稿、論文，都影響我如何解讀研究結果。

我的研究方法是民族誌，意思是數據來自於重複拜訪相同的社區，透過許多非正式的對話（通常是關於看似平凡的瑣事），以及藉由觀察人們的互動和空間而形成。我一度採用固定的問題列表做了幾次正式訪談，但是過一陣子後，我發現這種方法無助於自己的研究目標，我更能從非正式對話裡獲得各式各樣的經驗；這點很重要，因為我的目的是了解人們的日常經歷。重要的是，我也發現相較於正式訪談，非正式對話更能建立信任、使關係更融洽，談話對象也比較放鬆、樂於分享資訊。只要少說話、多聆聽，不要堅持影響聊天的方向，就能在對話中捕捉到複雜的生活經驗。透過這種方式，我得知許多原本根本沒想到要問的事。透過民族誌的研究方法，我才能看到、聽到、學到之前沒有預料的事物。

透過民族誌的研究方法、藉由特定類型的問題，能從這個有些事我們沒那麼了解、某些敏感或複雜現象被隱藏或汙名化的社會，取得有意義的數據和見解，這是其他提問方式做不到的，例如問卷調查。你可以想像自己遇到一個人，拿著夾板，站在門口或打電話問你一連串問題：「從一到五，你會說自己的小孩整體而言有多幸福？五是非常幸福；四是幸福；三是有點幸福；二是不幸福；一是不確定。」我們都知道什麼是符合社會規範、正常、安全的答案。也許你的孩子課業落後，也許你和青春期的孩子溝通不良，幾乎整週都沒有說話，也許你想回答二或一，或是選項裡根本沒有的答案，但是你不知道拿著夾板或電話另一頭的人想聽到什麼回應。你可能根本搞不清楚問題是什麼，因為對方說得太快，而且是二十個問題中的一個，更何況那又不關他們的事，他們看起來或聽起來也不像希望聽到真正的答案。從事民族誌研究的人面臨相同的障礙，但是回答的空間延伸，讓對方有時間先說出符合社會期待的答案，接著才透露自己面臨的各種挑戰或複雜的真相，研究人員就有機會進一步了解家庭裡發生什麼事。換句話說，這種研究方式取得的數據不僅不一樣，而且還更好，更能準確反映出真實的生活經驗。當然，某些類型的研究必須採用問卷調查。我寫這篇文章，不是要批評這種調查方式的價值，然而既然我們生活在認為數字和統計數據是無可辯駁「事實」的社會，而且深入訪談和民族誌觀察到的現象，經常被歸類為「趣聞軼事」，我必須指出數據有不同類型，而且研究人員取得資料的途徑，必須取決於提問的性質，並非很多人以為比較貼近事實的方式。假使是關於不為人知的經歷和沒那麼光彩的身分，質性研究可以取得更精確、可靠、全面的數據。同一個問題問三次，使用不同詞彙、和對方眼神交流，並留意透露出興趣和同理心的肢體語言，就能得到不同層次的答案。就是這種層次，讓我們更接近不容易說出口、不容易聽到的資訊。

話一定有人在說，有人在說話

剛到美國念書，我學到的第一件事就是不要用被動語態寫作。有人說（It has been said）、我說（I said）；有人認為（It was argued）、我認為（I argued）；有人相信（It is a belief）、我相信（I believed）。我交的每一份作業都劃著滿滿的紅線。誰說？誰認為？

誰相信？

被動語態不僅和寫作風格有關，也是關於負責。是誰說的？來自何處？他們代表什麼立場？他們的利益為何？他們可能有哪些盲點？他們有什麼事沒說？如果某人說話的方式，讓你覺得沒有特定的人在發言，為什麼？他們說話的內容適用於多長時間、什麼情況？主動語態強迫我們把事情說清楚：我說、某個特定的人表示、特定研究認為（標明資料來源）、這群生活在某個特定時間和地點的人相信。老師要求我用主動語法寫作，迫使我必須寫得更精確、具體，以經驗證據支持自己的主張。

進行田野調查時，我存在；在辦公桌前書寫時，我存在；在臺上發表演說時，我存在。存在是累積生活經驗，進而塑造出令我感興趣的問題；存在是形成布赫迪厄所謂的「慣習」（habitus），也就是一系列肢體動作、習慣、說話方式，雖然透過個人的身體展現，卻是受社會地位影響，反映出一個人的階級、種族背景、性別取向；存在是面對他人各式各樣的反應，而且你無法掌控這些反應；存在是同意或不同意某些人的主張；存在是擁有特定觀點，包括興趣、偏好、能力、局限、盲點。

無論哪一個領域的研究人員、做什麼類型的研究，都會帶著自己的存在和因此形成的主觀想法。根據不同生活經歷和社會地位，他們詢問自己感興趣的問題；根據自己與他人的關係，以及因此受到的影響，他們以特定方式蒐集數據；從工作和生活中得到的世界觀與經驗，促使他們朝著某個特定方向思考，也讓他們以特定的方式分析，就是整理、詮釋和理解取得的數據。如果是質性研究，主觀本身不會破壞研究，但是缺乏對主觀的反思則會。

讀者無法控制作者，不過只要看到任何關於世界知識的陳述，你就必須問：發言者是誰？他們代表什麼立場？從批判角度評估別人整理出來關於世界的知識，不僅在於了解如何解讀圖表或句子，也要知道如何質疑暗藏其中，經常沒有說口的假設、前提和偏見。

知識生產企業：誰有辦法生產知識？條件為何？

許多學術界的朋友得知我正在撰寫本書，並打算交由時代精神書屋（Ethos Books）出版，都讚賞我很有勇氣。我是人，獲得肯定當然開心，但是為非學術界的讀者寫一本關於社會的書籍，應該不需要有勇氣才能做到。我以社會學家的身分受僱於公立大學，這原本就是我職責的一部分，與社會大眾分享我擁有的知識，也是重要的專業責任，正是因為這些人，我才得以從事研究。但是很少學者發表期刊論文以外的文章，或是與非學術出版社合作。我花了好一陣子，事實上是寫了一部分學術論文的草稿後，才開始撰寫本書。做決定之前，我必須確定自己可接受本書無法納入大學教師評鑑系統的事實。

本書也是我獲得終身教授資格後寫的書。在建立可靠的作品集、證明自己在新加坡大學的價值之前，我不可能撰寫本書。我歷經種種曲折才真正知道如何下筆，包括與人生導師的一席談話、意外投入公民社會、多次與生活截然不同的人接觸、建立另一個有意義的生活世界（lifeworld）。[1]

我很幸運能有選擇的機會，也為自己的決定感到開心。撰寫本書的過程，讓我覺得自己終於實現當初成為社會學家的夢想，但是做出這個決定竟然如此困難，令我深感不安，而且認為所有人都應該感到不安。我們應該非常擔心，本書是由這麼多無法預測的意外事件促成，完全是運氣使然。生產關於社會的知識，讓社會成員閱讀、批評、評估和討論，不該憑藉運氣。這樣的書籍應該是知識生產系統的常規成果，並非偶然之事。

了解數據是民主權利和義務的一部分，但是如果數據沒有開誠布公：如果研究人員做研究時，知道某些問題很重要卻避而不提、如果研究結果沒有與閉門會議外的大眾分享、假使分析的結論只有一小群學術人士知道，沒有透過各種媒介廣泛分享和傳播，人們就無法行使這些權利或義務。除了了解如何解讀和評估數據外，讀者也必須知道這是我們知識生產系統的現況。在這樣的背景裡了解世界，我們需要主動、飢渴地尋求各種知識來源，並且抱持懷疑的態度謹慎閱讀。

知識永遠不完整。本書目前是成品，但是還有很多問題有待我們發問，有許多研究必須進行。在知識生產系統的局限和約束下，我仍然抱持希望，期待本書只是開端。

❶ 譯注：生活世界是哲學家胡塞爾（Edmund Husserl）提出的概念，也就是以自然態度面對的日常世界。自然態度是指未進行哲學反思前，看待外在世界的態度。生活世界是主觀而相對的，我所看到的事物與別人看到的事物不一樣，即使是同一件事物，從不同角度檢視，形狀和顏色可能不相同。

後記

Later: An unanticipated year of autoethnography

自傳民族誌：

出乎意料的一年

我在二〇一七年十二月交出本書最後的書稿，一個月後，《不平等的樣貌》出版上市，我以為自己的生活會逐漸脫離這本書。學者的工作就是這樣，我們花時間研究，然後寫文章或書籍提交發現，再花兩年左右的時間修改訂正。研究成果接受審查、修訂和出版的過程中，我們已經在從事其他計畫。論文發表後，可能有一些討論研究的機會；五到十年後，也許有其他學者在著作裡引用那項研究，我們因此知道自己的研究成果有人看到。就這樣了。學術界以外的人也許無法理解，即使明白不會有很多人閱讀或評論我們的作品，學者還是會寫書。從這個角度來看，我對《不平等的樣貌》出版後引發的關注毫無心理準備。

新加坡時代精神書屋於二〇一八年一月五日發行《不平等的樣貌》，書籍一上市，就直接進入非小說類的每週暢銷書排行榜，並在排行榜上待了大約一年。我在二月二日舉行新書發表會時，已經銷售八百冊，足以吸引大約二百人參加那場發表會，其中絕大多數是陌生的面孔。二月，國會開會審查預算，部分議員在發言時提到本書，其中幾名直接引用書中的段落。[1] 主流媒體很快發現本書，無論中文或英文媒體都刊登書評，並在探討不平等和社會流動的文章裡引用本書。[2] 除了《海峽時報》和《聯合早報》外，其他媒體也刊出相關報導。[3] 從一月到七月，不時有記者要求我對不同文章發表評論或接受報章雜誌專訪，我大都拒絕了，除了巴拉蒂．賈格迪什（Bharati Jagdish）的採訪外，因為

＊編按：本章注釋大多為含網址之資料出處，因篇幅較長，故不採隨頁注，改移至章末。

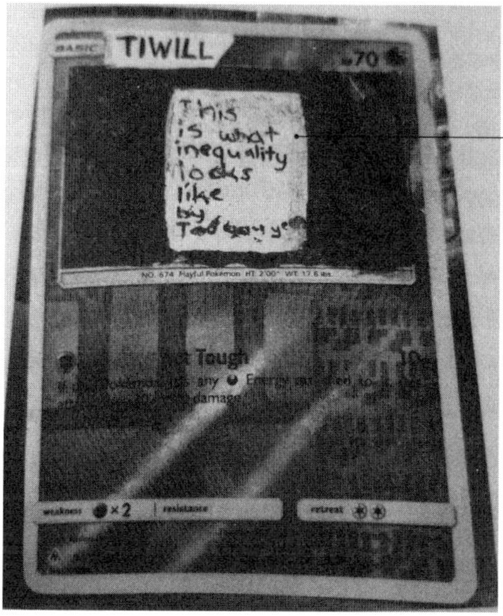

女兒送我的禮物，2018年12月。

她傳來與內容相關的深入問題，我認為正好可以讓我澄清某些疑問，而且那是廣播節目，有足夠的時間解釋複雜的議題。[4]那次訪問後來廣為流傳，並在五月引發另一波銷售量激增。一月到七月，我針對部分對話和辯論寫了七篇評論。[5]當然，並非一切都那麼美好，批評也同時出現。[6]朋友看到有人似乎說我「同情心氾濫」，以及可能是我引發一些人負面地使用「理論」和「學術」這兩個詞彙，紛紛傳訊息給我。許多文章和演講的題目取名為「這就是……」，讓我搞不清楚發生了什麼事。有些人提到我時指名道姓，有時候我又像佛地魔（Voldemort），成了「那個不能說出名字的人」。到了八月左右，我沒有再接到本地媒體的採訪要求，以為終於能好好休息，但是惡人永無寧日，因為電影《瘋狂亞洲富豪》（*Crazy Rich Asians*）上映了，令我意外的是，許多影評從不平等的角度檢視這部電影。《不平等的樣貌》仍然受到全國討論，包括社群媒體，因為許多人拒絕視而不見。[7]國際媒體發現後與我聯繫，我沒有發表評論，因為其他人已經提出許多鞭辟入裡的見解，我認為自己沒有太多資訊可以添加。不久後，《亞洲新聞臺》（*Channel NewsAsia*）製作名為《不論階級》（*Regardless of Class*）的電視節目，[8]本書再次受到評論、檢視，《不平等的樣貌》因為陌生人拒絕放下，持續獲得關注。[9]八月到十二月，我密切觀察，同時百感交集地看著不平等持續成為公眾辯論的焦點，有時似乎出現進展，有時又令我沮喪，因為針頭似乎紋風不動，我們又繞著圈圈說話，在陰影中竊竊私語。十二月轉瞬即逝，我獲選進入「《海峽時報》權力榜」（*The Straits Times*' Power List），接著得到「年度新加坡人」（Singaporean of the Year Award）提名。《不平等的樣貌》名列當年最暢銷的非小說類書籍，在十一個月內銷售約二萬冊。在數篇年終回顧的評論中，不平等及《不平等的樣貌》都被納入年度大事。[10]揮別二〇一八年之際，我不知道該如何解讀《不平等的樣貌》和自己剛剛度過的一年。

種種一切在公共場域逐漸展開的同時，眼神接觸的層面也發生一連串相遇。我開始接到來信。一週又一週，要求會面和邀請發表演說的電子郵件持續出現，親愛的張教授。我沒有祕書，所以直接與對方的私人助理溝通。我向來對於保存紀錄有一種偏執，後來回頭檢視，發現自己在二〇一八年的「拒絕清單」，也就是婉拒演講、撰文或合作的數量居然高達七十三次，而且這是在我已經認為自己答應太多邀約、超出所能負荷的情況下。我喝了好多茶、走入許多未曾去過的建築，發表十二次演講，也許在其他人眼中數量不多，但是對我來說已經很多了。我在每一次演講都會準備新素材，因此得不間斷地書寫，希望以不同方式呈現相同的研究結果，同時尋找合適的語氣回答問題。我很開心能夠回應別人的問題，觀察各式各樣的聽眾在哪裡看到本書，卻也因為自己「缺乏生產力」而感到不安，因為我在撰寫一頁又一頁永遠不會出版的文字。每一次的演講活動，座位很快就被搶光，候補名單在開放註冊的那一刻就出現；好幾次，主辦單位為了容納更多聽眾，不得不更換場地。[11]我開始隨身攜帶一支筆，因為許多人要求我簽名。看到讀者打算送朋友的新書，我覺得很感動，不過有些人不好意思地把有皺褶、劃線的書遞到我手中時，我也深受感動。我在團體自拍時微笑，這個意外踏入不同人生的教授，心想自己的臉不知道會出現在哪一個社群媒體。遇到年輕人公開宣稱他們是我的粉絲，我努力裝酷，希望沒有被發紅的臉背叛。這些活動帶著一絲狂亂，彷彿我不停向前奔跑，擔心時間快要不夠。當然，過沒多久，人們會漸漸遠離、轉移視線，然後慢慢遺忘。由於拒絕總是帶著一絲遺憾，遇到發表演說變成小組討論，好讓其他發言人可以「平衡」我的說法時，邀請就比較容易拒絕，我反而鬆了一口氣，反常地樂觀。

但是我離題了。這些信件，這些沒有夾帶任何要求，我打算有一天重新閱讀的信件。謝謝，妳說出我一直感受到，卻無法以文字表達的心情。謝謝，妳的書讀起來很不容易，因為它說出我的經歷。謝謝，妳的書改變我對新加坡和個人生活的看法。謝謝妳寫這本書，請繼續寫下去。謝謝。身為新加坡的年輕人，謝謝妳。身為年長新加坡人，謝謝妳。身為新移民，謝謝妳。我希望自己也能做些什麼、引發改變，謝謝妳。對這些如潮水般湧來的感謝，我也只能說謝謝。這些反應真是太神奇了，讓習慣發送瓶中信的學者感到驚訝。

從本書剛出版，開始有人感謝我替低收入群體發聲以來，我一直堅持自己不能代表任何人發言。本書是生活在這個社會的社會學家觀察到的現象，其中包含社會學專業知識的優勢，也帶有我身為人類、難免有自己立場和偏見的局限。讀者在閱讀本書時應該牢記這點。我把自己放在書裡，以我的階級與受訪者的階級相較，就是想強調我們擁有截然不同的經歷和觀點。我強調共有的人性，以及我認為應該是每個人與生俱來的價值和尊嚴，但是我希望讀者了解，這是我的聲音、這些故事是我從社會學家角度述說的故事。本書自出版以來，出現許多其他的聲音，其中一些來自有低收入生活經驗的人，我們應該認真看待，因為這的確是不常被聽到或重視的聲音。

身為社會學家，**我**敘述的目的是提出某種社會現象，而不是替個人的生活發聲；⓬換句話說，我希望本書說出社會上基於種種原因而無法說出口的事。這種說不出口的現象不僅是低收入者，而是每個人都要面對的問題。假使社會上有我們難以啟齒、無法明確承認和辯論，並缺乏心智工具和詞彙來恰當描述的事，那麼我們都是無聲之人。

「謝謝」。

「謝謝」。

「謝謝」。

「謝謝」。

如果人人皆無聲，是什麼事讓我們說不出口？首先，富裕中存在著貧困。在閃閃發亮的國際都會裡，不同階層的人承受不平等的後果。本書設法把光線照向黑暗的角落，談論新加坡閃亮表面下隱藏的真相；伴隨而來說不出口的是第二件事：我們當中有許多人看不到這些社會現象，是因為我們戴著特殊眼鏡，這些眼鏡把眼前的事物變成平面、單色。翡翠城怎麼這麼綠？拒絕看到或看不見是雙重暴力，也是同謀和集體否認，付出的代價就是不平等，遭到邊緣化的群體不成比例地承擔重量。第三，特定的結構和權力關係，影響我們的生活與福祉，並塑造我們看待世界的視角。公共政策影響人與人之間的關係、製造不平等的起跑點。我們必須指出資本主義的剝削做法，找出遮蔽事實的論述。這些問題的起因，並非影響全球經濟的無形之手。如果沒有公開談論權力及權力行使的方式，就無法理解社會現象。

本書出版前，我從未接到這麼多來自一般大眾的信件。從信上有些不好意思，甚至帶著歉意的語氣來看，**對方**很可能也從未因為想表達感謝，去搜尋一名作家的電子郵件。一年前的我，還沒有意識到自己說出許多人難以啟齒的事。我沒有預料到本書會觸動那麼多敏感的神經、引發這麼多共鳴。由於我是社會學家，試著從社會現象的角度思考這件事。我雖然歷經步調緊湊的奇妙生活，但到頭來還是可以讓自己脫離上述種種狀態。

人們對本書的回應揭露我們社會所處的位置。本書之所以會引起共鳴，是因為許多人有類似的經驗、發現、不自在和智慧。因為要讓眾人意識到某些事，就必須存在現有的知識；有些事情，人們大聲說出來後鬆了一口氣，就必定有難言之隱。

寫下《不平等的樣貌》，是因為我生活在這個社會，我吸收裡面的氣氛、張力、智慧和痛苦。《不平等的樣貌》進入社會，與眾人的關注和理想主義多次碰撞，成為今天的模樣。我在書裡的聲音與讀者閱讀時的聲音相遇，在那個神奇的時刻，出現比平時響亮的聲音。然而，我仍然認為我們在低聲說話，我們的聲響還成為不了一首歌；我們只經歷了片刻，還未能形成一場運動。接下來會發生什麼事？

二〇一八年年底，幾名記者問我認為本書帶來什麼影響。我含糊地說現在還言之過早。在學者撰寫的書籍中，《不平等的樣貌》已經算是相當暢銷，但是只有傻瓜才以為自己能用一本書改變世界。我從書桌前抬起頭，四處張望，看到不平等顯然在世上許多角落製造混亂，無論是實質財富、社會團結，還是政治穩定方面。老派或心口不一的人繼續用「全球化」，來掩蓋他們的行為和不一致的做法，但是證據顯示貧富差距日益嚴重。愈來愈多人發覺政治或經濟菁英無止境地囤積資源，不但使其他人付出代價，還蠱惑民心的民粹主義政客鋪路，讓他們趁虛而入，奪取人民的信任和希望。民粹主義當然不是民主，但是我們持續目睹近幾十年，在民粹和威權主義席捲而來、扎下根基前，嚴重的不平等就已經深深傷害民主國家的民主。[13]假設缺乏扎實團結基礎和民主做法的新加坡將自動成為例外，就真的太傻了。⑭

然而，我仍不時想起那些來信和回應。還是有人天真地睜大眼睛，盼望建立更美好的國度。他們真情流露。雖然微小、傷痕累累，但公民社會卻依然存在。《不平等的樣貌》揭開埋藏在底層的緊張情緒，它長達一年的旅程，讓我們看到許多人都感受到、也希望解決這些問題。我們仍須努力。

本書還留下許多空間、缺口、亮光和可能。問題雖然提出，卻尚未完全解答；答案已經勾勒出外框，不過還沒上色。本書是邀請眾人參與的聚會。只有人們接受邀請，現身、停留、互動、對話、建立關係，這份邀請才會生效。撰寫本書的過程中，我發現自己的聲音，並將之添加到先前就存在的聲音裡。我希望藉由本書持續擴展空間，讓其他人也能找到自己的聲音。我的邀請持續生效，希望大家繼續參加這場聚會，也希望大家都能留下。

二〇一九年一月，新加坡

張優遠

❶ 喬安娜・蕭（Joanna Seow），二〇一八年三月八日，〈議會，五十二小時馬拉松〉（Parliament, Marathon 52 hours），《海峽時報》，http://www.straitstimes.com/politics/parliament-over-52-hours-mps-debated-budget-for-longest-time-in-five-years。

❷ 黃偉曼（Ng, Wai Mun），二〇一八年二月十一日，〈那些看不到的不平等〉（Unseen Inequality），《聯合早報》，http://www.zaobao.com.sg/zopinions/opinions/story20180211-834545；蔡美芬（Chua Mui Hoong），二〇一八年二月二十八日，〈不平等造成威脅，說出來，正視它〉（Inequality is a threat—name it, face it），《海峽時報》，http://www.straitstimes.com/singapore/inequality-is-a-threat-name-it-and-face-it；韓福光（Han Fook Kwang），二〇一八年三月十八日，〈這就是不平等的樣貌？救命啊！〉（Inequality looks like this? Help!），《海峽時報》，http://www.straitstimes.com/opinion/inequality-looks-like-this-help；葉鵬飛（Yap, Pheng Hui），二〇一八年四月十五日，〈不平等的逆向思考〉（Unconventional Ways of Thinking about Inequality），《聯合早報》，http://www.zaobao.com.sg/zopinions/opinions/story201804-5-850935。

❸ 黃子明（Wong, Chee Meng），二〇一八年二月十四日，〈誰了解新加坡貧困問題？〉（Who understands Singapore's poverty problem?），《當今大馬》（*Malaysiakini*），https://www.malaysiakini.com/columns/412219；韓俐穎（Han, Kirsten），二〇一八年三月六日，〈稅收與不在新加坡消費〉（Tax and not spend in Singapore），《亞洲時報》（*Asia Times*），https://www.asiatimes.com/2018/03/tax-not-spend-singapore/；科莉・陳（Tan, Corrie），二〇一八年五月十八日，〈《賤民》讓中產階級有椎心刺骨的內疚感〉（"Underclass" twists the knife in your middle-class guilt），《藝術赤道》（*Arts Equator*），http://artsequator.com/underclass-review/。

❹ 賈格迪什，二〇一八年五月十九日，〈《不平等的樣貌》作者：張優遠〉（Author of This is What Inequality Looks Like: Teo You Yenn），《亞洲新聞臺：記錄觀點》（*On the Record, Channel NewsAsia*），https://www.channelnewsasia.com/news/podcasts/on-the-record/author-of-this-is-what-inequality-looks-like-teo-you-yenn-10249426；賈格迪什，二〇一八年五月二十三日，〈全民福利與對補習班說「不」：張優遠上《記錄觀點》談論不平等現象〉（Universal welfare and saying 'no' to tuition: Teo You Yenn goes On the Record about inequality），《亞洲新聞臺》，https://www.channelnewsasia.com/news/singapore/teo-youyenn-this-is-what-inequality-looks-like-on-the-record-10246872。

❺ 張優遠，二〇一八年二月四日，〈當孩子說：「我就懶啊」〉（When kids say 'I lazy what'），《海峽時報》，http://www.straitstimes.com/opinion/when-kids-say-i-lazy-what；張優遠，二〇一八年二月二十三日，〈經濟是達到目標的手段，並非最終目的〉（The economy as a means to an end, not an end in itself），《海峽時報》，http://www.straitstimes.com/opinion/the-economy-as-a-means-to-an-end-not-an-end-in-itself；張優遠，二〇一八年五月九日，〈為何投資學前教育不能解決不平等問題〉（Why investing in early childhood education cannot be the primary solution to inequality），《亞洲新聞臺》，https://www.channelnewsasia.com/news/commentary/early-education-tackling-inequality-teo-you-yenn-10213584（另譯成中文，於二〇一八年六月一日在《聯合早報》發表，https://www.zaobao.com.sg/forum/views/opinion/story20180601-863639）；張優遠，二〇一八年五月十一日，〈不要把不平等現象孤立為低薪或教育問題〉（Don't silo inequality into a low-wage or education problem），《海峽時報》，https://www.straitstimes.com/opinion/tackling-inequality-vigorously；張優遠，二〇一八年五月三十日，〈我們要來討論滿足需求，不僅僅是機會平等〉（Let's talk about meeting needs, not just equality of opportunity），《海峽時報》，https://www.straitstimes.com/opinion/lets-talk-about-meeting-needs-not-just-equality-of-opportunity；張優遠，二〇一八年六月七日，〈缺少社會融合是不平等的徵兆，而非原因〉（Lack of social mixing is a symptom of inequality, not a cause），《海峽時報》，https://www.straitstimes.com/opinion/lack-of-social-mixing-is-a-symptom-of-inequality-not-a-cause，另譯成中文，於二〇一八年六月二十九日在《聯合早報》發表，https://www.zaobao.com.sg/forum/views/opinion/story20180629-871080；張優遠，二〇一八年七月十六日，〈關於新加坡生育率的辯論，讓我們看到哪些不平等的問題：若不放眼全局，更多方案將行不通〉（What Singapore's fertility debate teaches us about inequality: More schemes won't work unless we look at big picture），《海峽時報》，https://www.straitstimes.com/opinion/learning-from-the-past-to-resolve-the-inequality-problem。

❻ 蘇達·奈爾（Sudha Nair），二〇一八年六月二十三日，〈每月花五百元訂購有線電視和購買香菸，這個家庭還想要援助？〉（$500 a month on cable TV and cigarettes and this family still wants aid），《海峽時報》，https://www.straitstimes.com/opinion/helping-families-find-hope-and-courage-to-change；馬利基·

奧斯曼（Maliki Osman），二〇一八年六月二十七日，〈這就是幫助家庭的模樣〉（This is what helping families looks like），《海峽時報》，https://www.straitstimes.com/opinion/this-is-what-helping-families-looks-like；奈爾的文章引發四十位社會服務工作者共同簽署的回應，其中雖然並未明確引用《不平等的樣貌》，不過重申書裡對這個領域偏重結構的分析：黃國和，二〇一八年六月二十七日，〈社工同時要應付導致貧困的結構問題〉（Social workers also tackle structural conditions that lead to poverty），《海峽時報》，https://www.straitstimes.com/forum/letters-in-print/social-workers-also-tackle-structural-conditions-that-lead-to-poverty。

❼ 蘇因・海恩斯（Suyin Haynes），二〇一八年八月十四日，〈瘋狂亞洲富豪的超級富裕世界是真實的，原因在此〉（The Ultra-Wealthy World of *Crazy Rich Asians* is a Real Thing. Here's Why），《時代雜誌》（*Time Magazine*），http://time.com/5360699/crazy-rich-asians-singapore-economy/；茱蒂斯・黃（Judith Huang），二〇一八年八月二十三日，〈在到處是瘋狂外國富豪的新加坡，不平等變得根深蒂固〉（In a Singapore full of crazy rich foreigners, inequality is becoming ingrained），《南華早報》（*South China Morning Post*），https://www.scmp.com/comment/insight-opinion/united-states/article/2160954/singapore-full-crazy-rich-foreigners；祖拜達・賈利（Jubaidah Jalil），二〇一八年十月二十六日，〈在瘋狂亞洲富豪之地的窮人〉（Poor in the Land of Crazy Rich Asians），《新敘述》（*New Naratif*），https://newnaratif.com/journalism/poor-in-the-land-of-crazy-rich-asians/。

❽ 《亞洲新聞臺》，二〇一八年九月二十四日，《不論階級》（*Regardless of Class*），https://www.channelnewsasia.com/news/video-on-demand/regardless-of-class/regardless-of-class-10751776。

❾ 潘潔（Pan, Jie），二〇一八年十月三日，〈亞洲新聞臺的《不論階級》正是新加坡討論不平等問題所犯的錯〉（CNA's 'Regardless of Class' is Everything That's Wrong with Singapore's Inequality Debate），《米傳媒》（*Rice Media*），https://ricemedia.co/current-affairs-cna-regardless-class-everything-thats-wrong-singapores-inequality-debate/。

❿ 奧利維亞・何（Ho, Olivia），二〇一八年十二月十日，〈金錢與回憶錄：今年新加坡暢銷的本地非小說類書籍〉（Money and memoirs: the local nonfiction bestsellers that Singapore snapped up this year），《海峽時報》，https://www.straitstimes.com/lifestyle/arts/money-and-memoirs-the-local-non-fiction-bestsellersthat-singapore-snapped-up-this；《海峽時報》，二〇一八年十二月十五日，〈二〇一八年權力榜：娛樂、生活風格和藝術前十名〉（The 2018 Power List: Top 10 names in entertainment, lifestyle, and arts），https://www.straitstimes.com/lifestyle/entertainment/the-2018-life-power-list-top-10-names-in-singapores-entertainment-lifestyle；拉西瑪．拉希特（Rashimah Rashith），二〇一八年十二月十八日，〈將不平等問題擺上檯面〉（Bringing inequality to the forefront of discussions），《海峽時報》，https://www.straitstimes.com/singapore/bringing-inequality-to-forefront-of-discussions；蔡美芬，二〇一八年十二月二十九日，〈教育、不平等和性騷擾：海峽時報二〇一八年最多人閱讀的評論〉（Education, inequality, and sexual harassment: The Straits Times best read opinion pieces of 2018），《海峽時報》，https://www.straitstimes.com/opinion/education-inequality-and-sexual-harassment-the-straits-times-best-read-opinion-pieces-of；扎基爾．侯賽因（Zakir Hussain），二〇一八年十二月三十日，〈聚光燈下的不平等〉（Inequality under the spotlight），《海峽時報》，https://www.straitstimes.com/singapore/inequality-under-the-spotlight；戴嘉玲（Janice Tai），二〇一八年十二月三十日，〈為了瘋狂亞洲富豪而瘋狂〉（Mad about Crazy Rich Asians），《海峽時報》，https://www.straitstimes.com/lifestyle/mad-about-crazy-rich-asians-trilogy-hot-reads；布麗姬特．威爾士（Bridget Welsh），二〇一八年十二月三十一日，〈新加坡人民行動黨管理不確定〉（Singapore's PAP managing uncertainty），《東亞論壇》（*East Asian Forum*），http://www.eastasiaforum.org/2018/12/31/singapores-pap-managing-uncertainty/；斯坦尼斯勞斯．朱德．陳（Stanislaus Jude Chan），二〇一九年一月二日，〈不平等對新加坡的決策者構成日益嚴峻的挑戰〉（Inequality a rising challenge for Singapore's policymakers），《新加坡尖峰》（*The Edge Singapore*），https://www.theedgesingapore.com/inequality-rising-challenge-singapores-policymakers。

⓫ 其中一項活動有錄影：九月十五日在新加坡兒童協會（Singapore Children's Society）發表的公開演講，題目為「在不平等社會中成長」（Growing up in an unequal society）。謝謝新加坡兒童協會分享這支影片，並感謝陳思玉高明的編輯技巧，將之轉換為動畫：https://www.youtube.com/watch?v=N9G5nKnpTWA&feature=youtu.be。

⓬ 我在一篇文章裡詳細闡述這種研究方法的要點，〈從故事了解案例〉（Seeing a story to get to a case），收錄在黃國和與凱西亞安置團隊（Cassia Resettlement Team）合力編輯的《他們叫我們搬走》（*They Told*

Us to Move），頁三四至四一，二〇一九年，新加坡：時代精神書屋。

⓭關於美國民粹主義崛起的分析，參見史帝文・李維茲基（Steven Levitsky）和丹尼爾・齊布拉特（Daniel Ziblatt）的《民主國家如何死亡：歷史所揭示的我們的未來》（*How Democracies Die: What History Reveals About our Future*），二〇一八年，英國：維京出版社（Viking）。

⓮關於新加坡政治背景的分析，參見謝麗安・喬治（Cherian George）的著作，在《不平等的樣貌》上市前幾週出版：《新加坡，不完整：對一個第一世界國家政治發育不良的反思》（*Singapore, Incomplete: Reflections on a First World Nation's Arrested Political Development*），二〇一七年，新加坡：伍茲維爾新聞出版社（Woodsville News）。

致謝

這本書撰寫的過程相當漫長，現在終於完成了，我也能好好享受這段旅程。

這些年來，我的朋友、家人、同事、學生、研究助理，以及各場演講的聽眾，讓我擁有這段意義非凡的經驗。謝謝你們。

感謝那些與我分享經驗和智慧的人：社會工作者、老師，以及最重要的，我進行研究的社區居民。希望我沒有辜負你們的慷慨，也希望我有好好理解你們複雜的故事。感謝你們教導我去發現並欣賞各式各樣的優點。

特別要感謝推動我完成這項寫作計畫的朋友和同事：艾力克．湯普森（Eric Thompson）促使我踏上這段意外的旅程；卡馬路汀．穆罕默德．納瑟（Kamaludeen Mohamed Nasir）一開始的合作對我很有助益；林克宜（Francis Lim）鼓勵我為一般讀者書寫；在植物園與侯仁敦（Philip Holden）的一席談話，是我寫下第一篇文章的關鍵轉折點；黃國和（Ng Kok Hoe）和梁尤薇（Neo Yu Wei）向我解釋許多我不知道自己不明白的事；蕭韵琴（Tricia Seow）教我如何從不同角度看事情；與陳思玉（Jolene Tan）合作，讓我磨練出有效率、精確的文筆；簡・紐伯里（Jan Newberry）、維尼塔・辛哈（Vineeta Sinha）、郭建文（Kwok Kian Woon）和林愿清（Linda Lim）給予我肯定和智慧。能夠寫出這本書，必須回歸到基礎，感謝我優秀的老師安・斯威勒（Ann Swidler）、麥克・布洛維（Michael Burawoy）、華康德（Loic Wacquant）、金・沃斯（Kim Voss）、彼得・埃文斯（Peter Evans）、拉卡・瑞伊（Raka Ray），讓我發現如何從社會學家的角度看世界；除了我之外，還有誰的編輯可以不用任何解釋，看到我寄給他們舞者用身體撞牆的影片就能心領神會？黃佳毅（Ng Kah Gay）和甘愫寧（Kum Suning），感謝你們在蜿蜒曲折的過程中找到樂趣，並將這些文章滋養成我們引以為榮的作品；另外要感謝時代精神書屋，提供我實現這項寫作計畫所需的自由和支持。

我很幸運，身邊有一群懂得如何助長火苗、同時控制火焰的人：法西（Fuzzie）、王德玉（Lindy）、孫怡特（Sunita）、林淑美（Corinna）、羅賓（Robin）、瑪姬（Margie）、黃錦佳（Jasmine）、陳瑜欣（Joo Hymn）、吳玉燕（Geok）、陳穎芸（Ying Ying），謝謝鄭家中（Chung）、蕭秀麗（Shauna）、蕭韵琴（Tricia）、楊荃畯（Sean），感謝你們全然接受與持續相信。

深深感謝拉卡提出的敘事方式，讓我找出自己的路徑；C・J・帕斯科（CJ Pascoe）和特瑞莎・夏普（Teresa Sharpe）無限的付出與無愧的接受。

感謝我的父母給予我實現夢想的機會；謝謝KK和L成為我的世界，並給我足夠的空間追尋我關心的事物。

Malay continues to be raised." *The Straits Times*, September 9.
PuruShotam, Nirmala. 1998. "Disciplining Difference: 'Race' in Singapore." In *Southeast Asian identities: culture and the politics of representation in Indonesia, Malaysia, Singapore, and Thailand*, edited by Joel S. Kahn, 51-94. New York; Singapore: St. Martin's Press; Institute of Southeast Asian Studies.
Rahim, Lily Zubaidah. 1998. *The Singapore dilemma: the political and educational marginality of the Malay community*. New York: Oxford University Press.
Syed Hussein Alatas. 2013 [1977]. *The Myth of the Lazy Native: A Study of the Image of the Malays, Filipinos and Japanese from the 16th to the 20th Century and Its Function in the Ideology of Colonial Capitalism*. London; New York: Routledge.
Wacquant, Loïc J. D. 1997. "Towards an Analytic of Racial Domination." *Political Power and Social Theory* 11:221-34.
Wagley, Charles. 1959. "On the concept of social race in the Americas." *Actas del 33 Congreso Internacional de Americanistas*: 403-417.

第十一章 接下來怎麼辦？

Crouch, David. 2017. "The new 'people's home': how Sweden is waging war on inequality." *The Guardian*, July 17.
Development Finance International, and Oxfam. 2017. "The Commitment to Reducing Inequality Index." Development Finance International, and Oxfam.
Lim, Jeremy. 2013. *Myth or Magic: The Singapore Healthcare System*. Singapore: Select Publishing.
Loh, Kah Seng, Ping Tjin Thum, and Jack Meng-Tat Chia, eds.2017. *Living with Myths in Singapore*. Singapore: Ethos Books.
Low, Donald, and Sudhir Vadaketh. 2014. *Hard Choices: Challenging the Singapore Consensus*. Singapore: NUS Press.

Ministry of Social and Family Development.2017. "ComCare." Accessed October 16, 2017. https://www.msf.gov.sg/Comcare/.

Mullainathan, Sendhil, and Eldar Shafir. 2013. *Scarcity: Why Having Too Little Means So Much*. New York: Henry Holt and Company.

Ng, Irene, Rebecca Tan, and Kok Hoe Ng. 2008. "Report on Survey of Social Workers in March 2008." Singapore: National University of Singapore.

Ng, Irene Y. H. 2013. "Multistressed Low-Earning Families in Contemporary Policy Context: Lessons from Work Support Recipients in Singapore." *Journal of Poverty* 17:86-109.

第九章 家醜外揚

Teo, Youyenn. 2011. *Neoliberal Morality in Singapore: How family policies make state and society*. London and New York: Routledge.

第十章 關於「種族」的備忘錄

Baton, Michael. 1979. "Analytical and folk concepts of race and ethnicity." *Ethnic and racial studies* 2 (2):127-138.

Chua, Beng Huat. 2003. "Multiculturalism in Singapore: an instrument of social control." *Race & Class* 44 (3):58.

Chun, Allen. 1996. "Fuck Chineseness: On the Ambiguities of Ethnicity as Culture as Identity." *boundary 2* 23 (2):111-138.

Coates, Ta-Nehisi. 2015. *Between the world and me*. New York: Spiegel & Grau.

Davis, F. James. 1991. *Who is black?: One nation's definition*. Pennsylvania: The Pennsylvania State University Press.

Kathiravelu, Laavanya. 2017. "Rethinking Race: Beyond the CMIO Categorizations." In *Living with Myths in Singapore*, edited by Kah Seng Loh, Jack Chia and PJ Thum, 159-169. Singapore: Ethos Books.

Lancaster, Roger N. 1991. "Skin color, race, and racism in Nicaragua." *Ethnology* 30 (4):339-353.

Loveman, Mara. 1999. "Is 'Race' Essential?" *American Sociological Review* 64 (6):891-898.

Nur Asyiqin Mohamad Salleh. 2017. "Presidential Election 2017: Question of who is

Teo, Youyenn. 2013. "Women hold up the anti-welfare regime: How social policies produce social differentiation in Singapore." In *The Global Political Economy of the Household in Asia*, edited by Juanita Elias and Samanthi Gunawardana,15-27. Houndmills, Basingstoke, Hampshire; New York: Palgrave Macmillan.

Teo, Youyenn. 2015. "Differentiated Deservedness: Governance through Familialist Social Policies in Singapore." *TRaNS: Trans—Regional and—National Studies of Southeast Asia* 3 (1):73-93.

Teo, Youyenn. 2017. "The Singaporean welfare state system: with special reference to public housing and the Central Provident Fund." In *The Routledge International Handbook to Welfare State Systems*, edited by Christian Aspalter, 383-397. London; New York: Routledge.

第七章 需要、想要、尊嚴

Pugh, Allison J. 2009. *Longing and belonging: Parents, children, and consumer culture*. Berkeley, CA: University of California Press.

第八章 尊嚴就像乾淨的空氣

Basu, Radha. 2013. "Singapore must define poverty, say experts." *The Straits Times*, October 20.

Chan, Robin. 2013. "Why setting a poverty line may not be helpful: Minister Chan Chun Sing." *The Straits Times*, October 23.

Chua, Beng Huat, and Joo Ean Tan. 1999. "Singapore: Where the new middle class set the standards." In *Culture and Privilege in Capitalist Asia*, edited by Michael Pinches. London and New York: Routledge.

Gugushvili, Dimitri, and Donald Hirsch. 2014. "Means-tested and universal approaches to poverty: international evidence and how the UK compares." CRSP Working paper 640 UK: Centre for Research in Social Policy.

Jongwilaiwan, Rattana, and Eric C. Thompson. 2013. "Thai wives in Singapore and transnational patriarchy." *Gender, Place and Culture* 20 (3):363-381.

Lim, Jeremy, and Daniel Lee. 2012. "Re-Making Singapore Healthcare." In *Singapore Perspectives 2012*, edited by Soon Hock Kang and Chan-Hoong Leong, 61-79. Singapore: Institute of Policy Studies.

第六章 有差異的應得

Béland, Daniel. 2007. "The social exclusion discourse: ideas and policy change." *Policy & Politics* 35 (1):123-139.

Bhaskaran, Manu, Seng Chee Ho, Donald Low, Kim Song Tan, Sudhir Vadaketh. 2012. Inequality and the Need for a New Social Compact. In *Singapore Perspectives 2012*. Singapore: Institute of Policy Studies.

Esping-Andersen, Gosta. 1997. "Hybrid or unique? The Japanese welfare state between Europe and America." *Journal of European Social Policy* 7 (3):179-189.

Hui, Weng Tat. 2012. "Macroeconomic Trends and Labour Welfare: A Focus on Retirement Adequacy." In *Singapore Perspectives 2012—Singapore Inclusive: Bridging Divides*, edited by Soon Hock Kang and Chan-Hoong Leong, 37-58. Singapore: Institute of Policy Studies, Lee Kuan Yew School of Public Policy.

Lim, Jeremy. 2013a. *Myth or Magic: The Singapore Healthcare System*. Singapore: Select Publishing.

Lim, Linda. 2013 b. "Singapore's Success: After the Miracle." In *Handbook of Emerging Economies*, edited by Robert Looney, 203-226. London: Routledge.

Ministry of Social and Family Development. 2017. "ComCare and Social Support Division." Accessed September 29, 2017. https://www.msf.gov.sg/about-MSF/our-people/Divisions-at-MSF/Social-Development-and-Support/Pages/ComCare-and-Social-Support-Division.aspx.

Ng, Kok Hoe. 2013. "The prospects for old-age income security in Hong Kong and Singapore." PhD Dissertation, Department of Social Policy, The London School of Economics and Political Science (LSE).

Shanmugaratnam, Tharman. 2014. *Budget Speech 2014—Opportunities for the Future, Assurance for our Seniors*. Ministry of Finance: Singapore.

Shanmugaratnam, Tharman. 2011. *Budget Statement 2011*. Ministry of Finance: Singapore.

Singapore Department of Statistics. 2016. *Key Household Income Trends*, 2016. Singapore.

Somers, Margaret R. 2008. *Genealogies of citizenship: markets, statelessness, and the right to have rights*. Cambridge. UK; New York: Cambridge University Press.

Standing, Guy. 2011. *The precariat: The new dangerous class*. London and New York: Bloomsbury Publishing.

Folbre, Nancy. 1994. "Children as public goods." *American Economic Review* 84 (2):86-90.

Hannah-Jones, Nikole. 2017. How The Systemic Segregation Of Schools Is Maintained By 'Individual Choices'. In *Fresh Air with Terry Gross*, edited by Terry Gross. USA: National Public Radio.

Ho, Li-Ching. 2012. "Sorting citizens: Differentiated citizenship education in Singapore." *Journal of Curriculum Studies* 44 (3):403-428.

Ho, Li-Ching, Jasmine B.-Y. Sim, and Theresa Alviar-Martin. 2011. "Interrogating differentiated citizenship education: Students' perceptions of democracy, rights and governance in two Singapore schools." *Education, Citizenship and Social Justice* 6 (3):265-276. doi: 10.1177/1746197911417417.

Khan, Shamus Rahman. 2011. *Privilege: The Making of an Adolescent Elite at St. Paul's School*. Princeton and Oxford: Princeton University Press.

Lareau, Annette. 2011. *Unequal childhoods: class, race, and family life (2nd edition)*. Berkeley: University of California Press.

Ministry of Manpower. 2018. "Eligibility for Letter of Consent." Ministry of Manpower, Singapore. https://www.mom.gov.sg.

Oakes, Jeannie. 2005 [1985]. *Keeping Track: How Schools Structure Inequality*. New Haven & London: Yale University Press.

Ong, Xiang Ling, and Hoi Shan Cheung. 2016. *Schools and the Class Divide: An Examination of Children's Self-Concept and Aspirations in Singapore*. Singapore: Singapore Children's Society.

Singapore Department of Statistics. 2013. Report on the Household Expenditure survey, 2012/13. Singapore: Department of Statistics, Ministry of Trade & Industry.

Teo, Youyenn. 2011. *Neoliberal Morality in Singapore: How family policies make state and society*, London and New York: Routledge.

Wang, Li Yi, Siao See Teng, and Chee Soon Tan. 2014. Levelling up academically low progress students (NIE Working Paper Series No. 3). Singapore: National Institute of Education.

Wise, Amanda. 2016. Behind Singapore's PISA rankings success—and why other countries may not want to join the race. *The Conversation*. Accessed December 13, 2016.

August.

Slaughter, Anne-Marie. 2015. *Unfinished Business: Women Men Work Family*. New York: Random House.

Standing, Guy. 2011. *The precariat: The new dangerous class*. London and New York: Bloomsbury Publishing.

Teo, You Yenn. 2016a. "Why low-income parents may make 'poor choices' . *The Straits Times*, March 10.

Teo, Youyenn. 2011. *Neoliberal Morality in Singapore: How family policies make state and society*. London and New York: Routledge.

Teo, Youyenn. 2013. "Support for Deserving Families: Inventing the Anti-welfare Familialist State in Singapore." *Social Politics: International Studies in Gender, State & Society* 20 (3):387-406.

Teo, Youyenn. 2014. "Population problems, family policies, and the naturalization of differentiated deservedness." In *The Future of Singapore: Population, Society and the Nature of the State*, edited by Kamaludeen Mohamed Nasir and Bryan S. Turner, 64-82. London and New York: Routledge.

Teo, Youyenn. 2016b. "Not everyone has 'maids': class differentials in the elusive quest for work-life balance." *Gender, Place & Culture* 23 (8):1164-1178.

Toh, Yong Chuan. 2016. "Lifting families out of poverty: Focus on the children." *The Straits Times*, March 3.

第四章 我希望孩子比我更好

Bourdieu, Pierre. 1989. *The State Nobility: Elite Schools in the Field of Power*. Stanford, California: Stanford University Press.

Brighouse, Harry, and Adam Swift. 2009. "Legitimate parental partiality." *Philosophy Public Affairs* 37 (1):43-80.

Davie, Sandra. 2017. "Singapore students suffer from high levels of anxiety: Study." *The Straits Times*, August 20.

Deng, Zongyi, and S. Gopinathan. 2016. "PISA and high-performing education systems: explaining Singapore's education success." *Comparative Education* 52 (4):449-472.

Edin, Kathryn, and Maria Kefalas. 2011. *Promises I can keep: Why poor women put motherhood before marriage.* University of California Press.

第三章 平衡工作與生活不該是階級特權

Baker, Maureen. 2012. *Academic careers and the gender gap*. Vancouver; Toronto: UBC Press.

Clawson, Dan, and Naomi Gerstel. 2014. *Unequal Time: Gender, Class, and Family in Employment Schedules*. New York: Russell Sage Foundation.

Cottom, Tressie McMillan. 2012. The Atlantic Article, Trickle-Down Feminism, And My Twitter Mentions. God Help Us All. *Racialicious*. Accessed June 22.

Fraser, Nancy. 2013. "How feminism became capitalism's handmaiden—and how to reclaim it." *The Guardian*, October 14. http://www.theguardian.com/commentisfree/2013/oct/14/feminism-capitalist-handmaiden-neoliberal.

Glazer, Nona Y. 1984. "Servants to capital: Unpaid domestic labor and paid work." *Review of Radical Political Economics* 16 (1):60-87.

Hochschild, Arlie Russell, and Anne Machung. 1989. *The second shift: working parents and the revolution at home*. New York, N.Y.: Viking.

Knijn, Trudie, and Barbara Da Roit. 2014. "Work-family balance in the Netherlands." In *Work and care under pressure: Care arrangements across Europe*, edited by Blanche Le Bihan, Trudie Knijn and Claude Martin, 33-55. Amsterdam: Amsterdam University Press.

Kofman, Eleonore. 2012. "Rethinking care through social reproduction: Articulating circuits of migration." *Social Politics: International Studies in Gender, State & Society* 19 (1):142-162.

Laslett, Barbara, and Johanna Brenner. 1989. "Gender and social reproduction: Historical perspectives." *Annual Review of Sociology* 15:381-404.

Le Bihan, Blanche, Trudie Knijn, and Claude Martin, eds. 2014. *Work and care under pressure: Care arrangements across Europe*. Amsterdam: Amsterdam University Press.

Orloff, Ann S. 1996. "Gender in the Welfare State." *Annual Review of Sociology* 22:51-78.

Razavi, Shahra. 2007. The political and social economy of care in a development context. In *Gender and Development Programme Paper Number 3*. DCT Switzerland: United Nations Research Institute for Social Development (UNRISD).

Slaughter, Anne-Marie. 2012. "Why Women Still Can't Have it All." *The Atlantic*, July/

Singapore: Lien Centre for Social Innovation.

Song, Jesook. 2009. *South Koreans in the debt crisis: the creation of a neoliberal welfare society*. Durham: Duke University Press.

Standing, Guy. 2011. *The precariat: The new dangerous class*. London and New York: Bloomsbury Publishing.

Stiglitz, Joseph E. 2012. *The price of inequality: How today's divided society endangers our future*. New York; London: WW Norton & Company.

Wacquant, Loïc J. D. 2009. *Punishing the poor: the neoliberal government of social insecurity*. Durham NC: Duke University Press.

第二章 日常生活

Housing & Development Board. 2016. "Types of flats." Accessed December 14, 2016. http://www.hdb.gov.sg/.

Klinenberg, Eric. 2015. *Heat wave: A social autopsy of disaster in Chicago*. Chicago: University of Chicago Press.

Kok, Xing Hui. 2017. "180 found sleeping on streets." *The Straits Times*. October 7.

Neo, Yu Wei, and Ng Kok Hoe. 2017. "Getting to the nub of homelessness." *Today*, October 21.

Ng, Kok Hoe. 2017. "One size fits all? Housing history, experiences, and expectations of public rental tenants." Social Service Research Centre Seminar, Singapore, April 26.

Paulo, Derrick A., and Goh Chiew Yong. 2017. "Homeless stereotypes busted: Most hold jobs, have been destitute for over a year." *Channel NewsAsia*, October 7.

Singapore Department of Statistics. 2016. *Population Trends 2016*. Department of Statistics: Singapore.

Somers, Margaret R. 2008. *Genealogies of citizenship: markets, statelessness, and the right to have rights*. Cambridge, UK; New York: Cambridge University Press.

Teo, Youyenn. 2011. *Neoliberal Morality in Singapore: How family policies make state and society*. London and New York: Routledge.

Wacquant, Loïc J. D. 2010. "Urban desolation and symbolic denigration in the hyperghetto." *Social Psychology Quarterly* 73 (3):215-219.

Wacquant, Loïc J. D. 2016. "Revisiting territories of relegation: Class, ethnicity and state in the making of advanced marginality." *Urban Studies* 53 (6):1077-1088.

Garon, Sheldon. 2002. *Japanese Policies Towards Poverty and Public Assistance: A Historical Perspective*. Washington, D.C.: The World Bank.

Haney, Lynne A. 2002. *Inventing the needy: gender and the politics of welfare in Hungary*. Berkeley: University of California Press.

Inglehart, Ronald. 2016. "Inequality and Modernization." *Foreign Affairs* 95 (1):2-10.

Karabel, Jerome, and A. H. Halsey. 1977. *Power and ideology in education*. New York: Oxford University Press.

Khan, Shamus Rahman. 2011. *Privilege: The Making of an Adolescent Elite at St. Paul's School*. Princeton and Oxford: Princeton University Press.

Kohl-Arenas, Erica. 2015. *The Self-Help Myth: How Philantbropy Fails to Alleviate Poverty*. University of California Press.

Mullainathan, Sendhil, and Eldar Shafir. 2013. *Scarcity: Why Having Too Little Means So Much*. New York: Henry Holt and Company.

Ng, Irene Y. H. 2015. "Being Poor in a Rich 'Nanny State': Developments in Singapore Social Welfare." *The Singapore Economic Review* 60 (3):1-17.

OECD. 2014. "Divided We Stand: Why Inequality Keeps Rising." Accessed October 29, 2014. http://www.oecd.org/social/soc/49170768.pdf.

Ostry, Jonathan D., Andrew Berg, and Charalambos G. Tsangarides. 2014 Redistribution, Inequality, and Growth. International Monetary Fund.

Piketty, Thomas. 2014. *Capital in the Twenty-First Century*. Cambridge: The Belknap Press of Harvard University Press.

Prasad, Monica. 2012. *The land of too much: American abundance and the paradox of poverty*. Harvard University Press.

Roy, Ananya, Genevieve Negrón-Gonzales, Kweku Opoku-Agyemang, and Clare Vineeta Talwalker. 2016. *Encountering poverty: thinking and acting in an unequal world*. Oakland, California: University of California Press.

Sainath, Palagummi.1996. *Everybody loves a good drought: stories from India's poorest districts*. India: Penguin Books.

Sassen, Saskia. 2001. *The Global City: New York, London, Tokyo*. Princeton N.J.: Princeton University Press.

Singapore Department of Statistics. 2016. *Key Household Income Trends, 2016*. Singapore.

Smith, Catherine J., Sanushka Mudaliar, Mumtaz Md. Kadir, and Lam Keong Yeoh. 2015. *A Handbook on Inequality, Poverty and Unmet Social Needs in Singapore*.

參考資料

第一章 第一步：破壞原有的敘述

Ackerman, Bruce, Anne Alstott, and Philippe Van Parijs, eds. 2006. *Redesigning Distribution: Basic Income and Stakebolder Grants as Cornerstones for an Egalitarian Capitalism*. London and New York: Verso.

Amin, Ash. 2013. "Telescopic urbanism and the poor." *City: analysis of urban trends, culture, theory, policy, action* 17 (4):476-492.

Bourdieu, Pierre. 1989. *The State Nobility: Elite Schools in the Field of Power*. Stanford, California: Stanford University Press.

Bourdieu, Pierre. and Loïc J. D. Wacquant. 1992. *An invitation to reflexive sociology*. Chicago: University of Chicago Press.

Bourguignon, Francois. 2016. "Inequality and Globalization." *Foreign Affairs* 95 (1):11-15.

Central Intelligence Agency. 2017. "The World Factbook Country Comparison: Distribution of Family Income—GINI Index." Accessed August 14, 2017. https://www.cia.gov/library/publications/the-world-factbook/rankorder/2172rank.html.

Credit Suisse Research Institute. 2014. Global Wealth Databook 2014. Singapore.

Davis, Abigail, Donald Hirsch, Matt Padley, and Lydia Marshall. 2015. *How much is enough? Reaching social consensus on minimum household needs*. Loughborough, UK: Centre for Research in Social Policy, Loughborough University.

Development Finance International, and Oxfam. 2017. The Commitment to Reducing Inequality Index. Development Finance International, and Oxfam.

Donaldson, John, Jacqueline Loh, Sanushka Mudaliar, Mumtaz Md. Kadir, Biqi Wu, and Lam Keong Yeoh. 2013. "Measuring Poverty in Singapore: Frameworks for Consideration." *Social Space* 1:58-66.

Edin, Kathryn, and Maria Kefalas. 2011. *Promises I can keep: Why poor women put motherhood before marriage*. University of California Press.

Ehrenreich, Barbara. 2010. *Nickel and dimed: On (not) getting by in America*. New York: Macmillan.

Ferguson, James. 2006. *Global shadows: Africa in the neoliberal world order*. Durham; London: Duke University Press.

聯經文庫
不平等的樣貌：新加坡繁榮神話背後，社會底層的悲歌

2021年12月初版　　定價：新臺幣380元
2022年7月初版第三刷

著者	張優遠 Teo You Yenn
譯者	方祖芳
叢書主編	王盈婷
校對	蘇淑君
內文排版	林婕瀅
封面設計	Ivy Design

出版者	聯經出版事業股份有限公司
地址	新北市汐止區大同路一段369號1樓
叢書主編電話	(02)86925588轉5316
台北聯經書房	台北市新生南路三段94號
電話	(02)23620308
台中辦事處電話	(04)22312023
台中電子信箱	e-mail:linking2@ms42.hinet.net
郵政劃撥帳戶	第0100559-3號
郵撥電話	(02)23620308
印刷者	世和印製企業有限公司
總經銷	聯合發行股份有限公司
發行所	新北市新店區寶橋路235巷6弄6號2樓
電話	(02)29178022

副總編輯	陳逸華
總編輯	涂豐恩
總經理	陳芝宇
社長	羅國俊
發行人	林載爵

行政院新聞局出版事業登記證局版臺業字第0130號

本書如有缺頁，破損，倒裝請寄回台北聯經書房更換。　ISBN 978-957-08-6146-4 (平裝)
聯經網址：www.linkingbooks.com.tw
電子信箱：linking@udngroup.com

國家圖書館出版品預行編目資料

不平等的樣貌：新加坡繁榮神話背後，社會底層的悲歌/
張優遠（Teo You Yenn）著．方祖芳譯．初版．新北市．聯經．2021年12月．
272面．14.8×21公分（聯經文庫）
ISBN 978-957-08-6146-4（平裝）
[2022年7月初版第三刷]

1.社會　2.社會問題　3.平等　4.貧窮　5.新加坡

540.9387　　110020145